AF296177

BARBRÉ

ÉDITEUR

Boulevart Saint-Martin

N° 12

—

Choix de pièces

NOUVELLES

UNE PIÈCE PAR SEMAINE

Prix : 30 centimes

LE
NAUFRAGE DE LA MÉDUSE

DRAME EN CINQ ACTES

PAR

M. CHARLES DESNOYERS

REPRÉSENTÉ, POUR LA PREMIÈRE FOIS, A PARIS, SUR LE THÉATRE DE L'AMBIGU-COMIQUE, LE 27 AVRIL 1839

BARBRÉ

ÉDITEUR

Boulevart Saint-Martin

N° 12

—

Choix de pièces

NOUVELLES

UNE PIÈCE PAR SEMAINE

DISTRIBUTION DE LA PIÈCE

Personnages du premier acte ou Prologue.

PIERRE BENARD, pilote français.................... MM. Saint-Ernest.
UN EMIGRÉ .... Saint-Hilaire.
MATHIEU LOUCHARD, matelot de la République française................. Roger.
ANDRÉ, matelot............ Cullier.
JEAN, matelot............. Monnet.
UN CAPITAINE de vaisseau anglais................ Barbier.

Personnages des quatre derniers actes.

PIERRE BENARD, lieutenant de vaisseau .... MM. Saint-Ernest.
ARTHUR DE MARSAY, lieutenant de vaisseau....... Albert.
MATHIEU LOUCHARD, maître d'équipage.......... Roger.
ANDRÉ, matelot........... Cullier.
JEAN, matelot .... Monnet.
LE PARISIEN, matelot..... Doutin.
LE CHAMPENOIS, matelot . Ch. Pérey.

LE COMMANDANT de *la Méduse*.............. ..... Delaunay.
GRAINDESEL, mousse..... Mlle Héloïse.
GENEVIÈVE, mère de Pierre Bénard.................. Mme E. Lambquin.
MARIE, jeune fille élevée par Pierre.................. Mlle Fierville.

Le premier acte se passe en 1799 ; le deuxième acte, en 1814, et les suivants, en 1815 et 1816.

ACTE PREMIER

PIERRE LE PILOTE

La scène se passe à bord d'un brick anglais, dans la chambre du conseil.

SCÈNE PREMIÈRE

LE CAPITAINE, LE LIEUTENANT, DES OFFICIERS, UN PILOTE et DES MATELOTS; UN ÉMIGRÉ, en costume à la Louis XVI, se tient assis à l'écart.

LE CAPITAINE. Messieurs, le conseil est levé... Lieutenant Johnson, nous adopterons le moyen que vous avez proposé... Faites ar-borer le pavillon français à la place de celui de la Grande-Bretagne; c'est une humiliation qu'il nous faut subir pour échapper aux suites funestes que peut entraîner une imprudence.

L'ÉMIGRÉ, s'approchant. Capitaine, sommes-nous donc entièrement séparés de la flotte anglaise?

LE CAPITAINE. Depuis une heure elle n'est plus en vue, et nous ne sommes qu'à trois milles des côtes de France... La flotte de vos compatriotes est maintenant à deux portées de canon, et si quelqu'un de ses vaisseaux nous approche et nous reconnaît, tout est perdu.

L'ÉMIGRÉ. Mais ne peut-on, à force de voiles...?

LE CAPITAINE. Cette chance nous reste encore. Jacob, vous êtes un bon pilote, et, plus d'une fois déjà, par votre habileté vous avez sauvé notre brick... A votre poste; ne quittez le gouvernail que lorsque nous aurons rejoint l'escadre, et si le combat est inévitable, eh bien, camarades, à nous seuls appartiendra la gloire d'un succès qu'il eût fallu partager avec d'autres. Si le sort nous est contraire, si le nombre nous est contraire, je connais votre courage, et je sais que le dernier de mes matelots se fera tuer comme moi pour défendre le pavillon anglais. Lieu-

tenant, faites amener devant moi ce Français que vous avez surpris dans une barque, près du bâtiment. (Tous sortent.)

SCÈNE II

LE CAPITAINE, L'ÉMIGRÉ.

L'ÉMIGRÉ. Capitaine...

LE CAPITAINE. Encore ici, monsieur le comte?

L'ÉMIGRÉ. Oui, capitaine; je désire vous parler de cet homme qui, dans un instant, sera amené devant vous...

LE CAPITAINE. De cet espion français qu'on a saisi se dirigeant sur les vaisseaux de guerre qui nous menacent de toutes parts, et cherchant par des signaux à prévenir ses compatriotes? Si avant la fin du jour nous sommes attaqués par des forces supérieures aux nôtres, c'est à ce misérable pêcheur que nous le devrons. Oh! il payera cher son audace.

L'ÉMIGRÉ. Mais songez, capitaine, que cet homme n'était pas seul dans sa barque : on a pris avec lui un jeune enfant à peine âgé de cinq années, et cet enfant, il ne l'eût pas exposé aux dangers qu'entraîne l'espionnage. Je vous le répète, il n'y a nul danger pour vous à lui faire grâce.

LE CAPITAINE. N'insistez pas davantage, monsieur le comte : si cet homme nous a livrés, je me rendrais, en l'épargnant, coupable envers mon pays, envers tous ceux que je commande. Le voici, je vais l'interroger.

SCÈNE III

LES MÊMES, PIERRE, OFFICIERS.

L'ÉMIGRÉ. Ainsi, le premier de mes compatriotes que j'aurai revu après un long exil, sera voué à la mort sans que je puisse le sauver!

PIERRE. Un Français!

LE CAPITAINE. A bientôt, monsieur le comte; je ne tarderai pas à vous revoir.

PIERRE. Monsieur le comte! un ci-devant... alors mon affaire est faite.

L'ÉMIGRÉ, sortant. Le malheureux, il est perdu!

PIERRE. Le scélérat! il ne rougit pas d'être au milieu de nos ennemis.

SCÈNE IV

LE CAPITAINE, LE LIEUTENANT, PIERRE, DEUX OFFICIERS.

LE CAPITAINE. Approche, et dis la vérité. Un mensonge ne te sauvera pas.

PIERRE. Un mensonge! Pour qui me prenez-vous? Est-ce que j'ai l'air de vouloir sauver ma vie par un mensonge?

LE CAPITAINE. Oh! n'espère pas nous tromper.

PIERRE. Comment? vous doutez encore de moi!... attendez, je vais vous donner une preuve de ma franchise... D'abord, messieurs les Anglais, je vous déteste de tout mon cœur, et d'une... Ensuite, quand vous m'avez arrêté, je ne venais pas pêcher des salicoques, ou admirer la construction de votre trois-mâts... je m'étais tout bonnement glissé dans vos eaux pour reconnaître le navire, m'assurer du nombre de vos hommes, de vos moyens de défense; le tout pour en faire part à mes amis et connaissances; ensuite, quand on m'a surpris, je transmettais tout cela au moyen de signaux à mes concitoyens; s'ils m'ont compris, j'en suis content, s'ils vous attaquent, ça me fera plaisir, et s'ils vous coulent j'en serai bien aise. Est-ce assez de franchise comme ça, et me croyez-vous encore capable d'un mensonge?

LE CAPITAINE. Ainsi ce n'est pas un ennemi ordinaire que nous avons en toi?

PIERRE. D'abord, si l'ennemi se mesure à la haine qu'il éprouve, vous pouvez vous flatter d'avoir devant vos yeux un ennemi extraordinaire; ensuite votre bâtiment n'est pas le premier que j'aurai fait capturer.

LE CAPITAINE. Comment?

PIERRE. Je suis fils d'un pilote, et nul ne sait mieux que moi faire glisser un canot au travers des écueils, et passer inaperçu entre deux navires ennemis... Or, telle est ma vie depuis quatre ans, vie périlleuse, mais la seule qui me plaise. Que voulez-vous?... voilà comme je suis, moi; à terre je m'ennuie à périr; ce n'est qu'en plein Océan, entre les flots et la voûte du ciel, que je respire, que je suis heureux!... Et vainement cette vocation a été combattue par la perte de mon père, mort à mes côtés, par les prières et les larmes de ma mère, dont j'étais le seul appui. Chaque jour, sous prétexte d'aller à la pêche, je me suis jeté dans mon canot, et j'ai gagné le large, au risque d'être surpris et arrêté, pour en venir à l'accomplissement de mes projets; aujourd'hui j'ai réussi enfin, et je puis mourir. L'espoir de l'Angleterre est déçu, et chacun de ses navires, attaqué à l'improviste comme le sera bientôt le vôtre, verra flotter sur sa poupe notre pavillon tricolore, que déjà vous avez eu le soin de faire arborer sur le vôtre... Je puis mourir : car si ma mère déplore ma perte, du moins, en songeant au service que j'aurai rendu à la France, un peu de fierté et d'orgueil viendra se mêler à son désespoir.

LE CAPITAINE. Assez... Non, je ne te crois pas, et mon bâtiment est le seul que le danger menace; et quel que soit ce danger, il ne saurait nous épouvanter; notre marine anglaise n'est pas habituée à se laisser battre par la vôtre... Mais pourtant, malheur à toi, si ta prédiction venait à s'accomplir! au premier avantage remporté sur nous par les Français...

PIERRE. Je serai fusillé ou pendu à la grande vergue, n'est-ce pas?... Alors, faites charger les armes ou hisser le bout de fil... je suis prêt.

LE CAPITAINE. Si contre ton attente nous sommes vainqueurs, je pourrai peut-être alors écouter ma clémence et te laisser la vie.

PIERRE. Vous serez vaincus, et vous me tuerez... Oh! je ne songe pas à reculer devant la destinée que je me suis faite.

LE CAPITAINE. Prends garde!... il n'y a pas seulement courage... il y a imprudence à nous braver en face.

PIERRE. Vous savez bien que je ne crains pas la mort.

LE CAPITAINE. Pour toi, cela peut être... Mais on ne t'a pas arrêté seul dans la chaloupe.

PIERRE. Grand Dieu!... Mais vous n'êtes pas un peuple de barbares; vous ne faites pas la guerre aux enfants ou aux femmes... et celui qui était près de moi est un pauvre petit enfant qui ne connaît pas encore le danger et ne sait pas même demander grâce...

LE CAPITAINE. Ah! te voilà moins fier, maintenant.

PIERRE. Capitaine... oui, vous avez raison... oui, j'ai eu tort, je ne devais pas oublier mon frère... Ma mère, ma pauvre mère, c'est elle, il y a deux jours, c'est son aveugle confiance qui m'a jeté cet enfant dans les bras... « Quand je le mets sous ta protection, m'a-t-elle dit, tu seras moins prompt à risquer ta vie. A ce soir, mon fils, à ce soir... » Et moi, j'ai répété : A ce soir! J'ai eu le courage de la tromper... Entraîné par le désir de venger mon père et de servir mon pays, je lui ai enlevé à la fois son soutien d'aujourd'hui et l'espoir de son avenir.. le premier et le dernier de ses enfants... Oh! grâce pour lui, capitaine... grâce pour ma pauvre vieille mère!...

LE CAPITAINE. Soit, pitié pour eux... Tu l'as dit, nous ne faisons la guerre ni aux enfants ni aux femmes... Nous avons à bord quelqu'un que je vais t'envoyer, et qui consentira peut-être à se charger de ton frère... Pour toi, tu n'as pas à te plaindre, car tu as toi-même prononcé ton arrêt... Tu attendras ici notre sort et le tien, notre victoire ou la mort. (Il sort.)

SCÈNE V

PIERRE, puis L'ÉMIGRÉ.

PIERRE. Que Dieu sauve ma mère et le pauvre enfant!... Puis après, qu'il prenne ma vie... Mais cette personne qui doit veiller sur mon frère, quelle est-elle donc?... (Ici, rentre l'Émigré.) L'émigré!... Serait-ce lui?... Oh! je ne veux pas... je ne veux pas.

L'ÉMIGRÉ. C'est vers vous que m'envoie le capitaine... Vous avez à me confier...

PIERRE. Rien du tout, monsieur.

L'ÉMIGRÉ. Comment?...

PIERRE. Non, je ne veux pas que mon frère porte un jour les armes contre son pays... Je ne le veux pas...

L'ÉMIGRÉ. Si je vous jure que jamais il ne servira contre notre... contre votre patrie...

PIERRE. C'est quelque chose; mais je ne vous cache pas qu'il m'en coûtera de vous devoir de la reconnaissance, et d'obtenir de vous un si important service.

L'ÉMIGRÉ. Vous ne me devrez rien... Je viens vous proposer un marché.

PIERRE. Un marché!...

L'ÉMIGRÉ. Il y a trois ans, ma tête était proscrite, et si j'ai fui dans les colonies anglaises, c'était moins pour me soustraire à l'échafaud que pour sauver ma femme et une fille que Dieu venait de m'envoyer... Depuis deux mois, ma femme est morte, et j'ai voulu revoir la France... Mais, non moins imprudent que vous, j'ai confié à l'Océan la frêle existence de cette enfant... Vos inquiétudes sont maintenant les miennes; vos angoisses, je les ressens aussi.

PIERRE. Eh bien?

L'ÉMIGRÉ. Que la bataille s'engage, et les Français vous délivreront peut-être, alors qu'ils me tueront, moi, l'émigré, le proscrit... Ma fille sera sans appui, et vous pourrez lui accorder le vôtre...

PIERRE. Et je le ferai, monsieur, je le ferai.

L'ÉMIGRÉ. Si les Anglais vous tuent, je pourrai à mon tour adopter votre frère ou le rendre à celle qui pleure et vous attend, et je le ferai aussi, monsieur, je vous le jure; vous voyez bien que ce n'est pas un service que je viens vous rendre... ce n'est qu'un marché que je vous propose et que vous pourrez accepter sans lâcheté.

PIERRE. Oui, un marché sacré et qui vous ennoblit, monsieur, car, je le vois bien, ce n'est qu'un prétexte pour colorer votre bienfait, c'est moi seul que menace la mort... mes concitoyens victorieux ne trouveront que mon cadavre, les Anglais ne m'épargneront pas, ils me l'ont dit... Il n'importe, j'accepte pour l'enfant votre offre généreuse... Monsieur, si quelque jour vous revoyez la patrie, si vous voyez ma mère, dites-lui de pardonner à son pauvre fils mort les tortures qu'il lui a fait subir... Si vous voyez grandir l'enfant, dites lui d'entourer la pauvre vieille de soins et de tendresse... qu'il l'aime pour nous deux à lui seul : car elle est bien bonne, et elle a bien souffert pour l'amour de nous deux...

L'ÉMIGRÉ. Je ferai tout cela, je vous le jure encore... De ce pas, je vais chercher votre frère, à qui je promets, jusqu'à mon dernier soupir, appui et protection... et si le ciel me seconde...

PIERRE. Ah! quelques mots encore, monsieur... Tout républicain que je suis, je porte sans cesse suspendu à ma poitrine une image qui vous est bien chère sans doute...

(Il tire de son sein une médaille.)

L'ÉMIGRÉ. Une médaille en or!

PIERRE. Mon père avait eu le bonheur de sauver dix infortunés du naufrage; celui qui régnait alors, et qui depuis est mort sur l'échafaud, lui envoya cette médaille en souvenir de sa belle action... Regardez...

L'ÉMIGRÉ. Le portrait de Louis XVI! (Lisant

sur le revers.) « Le roi de France à Jacques le pilote... Que Dieu protége le sauveur des naufragés... »

PIERRE. Cette médaille, mon père la regardait comme une relique, un talisman précieux, qui devait protéger sa vie; il ne l'a quittée que pour la placer sur ma poitrine... l'instant d'après il était mort; eh bien, monsieur, le matelot de la république a gardé pour cette image d'un roi la croyance religieuse de son père; elle est demeurée là, toujours là, cachée aux yeux de tous, car aux yeux de tous, dans ce temps-ci, la porter était un crime; elle est demeurée l'objet d'un culte sacré, d'une vénération constante et profonde, et, sans cesse, j'en suis certain, je lui ai dû la conservation de ma vie...Aujourd'hui, peut-être, elle me sauverait encore; mais je suivrai l'exemple de Jacques le pilote, et ce talisman, cette relique précieuse, je vous la confie pour que vous la placiez sur la poitrine de mon frère.

L'ÉMIGRÉ. Comptez sur moi; à l'instant même votre volonté sera remplie.

PIERRE. Et, pendant ce temps, je vais écrire ici quelques mots qui vous aideront, après ma mort, à retrouver ma mère, à lui rendre un de ses fils, et à lui porter les derniers adieux de l'autre. (Il lui serre la main, et le reconduit jusqu'à la porte de la cabine. On entend le bruit du canon.) Ah! le combat, le combat, et je ne puis rien pour eux... prisonnier...

L'ÉMIGRÉ. Mon bras n'est-il pas enchaîné comme le vôtre? je ne puis combattre, ni contre la France, ni contre ceux à qui je dois l'hospitalité... Fatale destinée... la victoire des républicains doit à tous deux nous coûter la vie.

PIERRE. Écoutez... écoutez... le feu redouble.

L'ÉMIGRÉ. Les vôtres seront vainqueurs: que le ciel protége les deux enfants qui resteront sans appui!...

PIERRE. Oui, monsieur, oui, nous serons vainqueurs, notre cause est la plus juste.

L'ÉMIGRÉ, entr'ouvrant la porte de droite placée au fond de la cabine, et qui donne sur le pont du navire. Ah! d'ici... on aperçoit...

PIERRE. Mon Dieu! ce sont les Anglais qui ont l'avantage.

L'ÉMIGRÉ. Ils ajustent votre commandant; ils vont le tuer... Non, non, il leur échappe...

PIERRE. Vous avez tremblé pour lui... c'est bien; parce que c'est un Français, n'est-ce pas?

L'ÉMIGRÉ. Non... parce que... c'est un homme... Mais voyez, les Anglais avancent encore... Oh! sans doute, ce sont eux qui l'emporteront... Ils sont si jeunes, ces marins de la France! Regardez celui-là... c'est presque un enfant...

PIERRE. Oh! celui que j'aperçois là-bas, le pistolet au poing, sur la dunette de notre beau navire... Ciel!... on fait feu sur lui!... (On entend une détonation.)

L'ÉMIGRÉ. Mort; ils l'ont tué... ils l'ont tué... Pauvre jeune homme!...

PIERRE. Oui, tué; et de cette carabine je n'ai pu le défendre, je ne puis le venger... Ah! vous le pleurez aussi, vous.

L'ÉMIGRÉ. Non, non.

PIERRE. Si fait.

L'ÉMIGRÉ. Non pas.

PIERRE. Je vous dis que vous pleurez, je le vois bien; allons, ne le cachez pas, il y a encore du bon sang français dans ce cœur-là.

L'ÉMIGRÉ. L'attaque recommence plus vive, bientôt ils en viendront à l'abordage... Ah! nos compatriotes les repoussent; voyez, voyez de ce côté!

PIERRE. Et de celui-là donc, j'espère que ça marche joliment... ils avancent au pas de course... Dame, ça doit avoir de bonnes jambes... ils sont si jeunes, ces marins de France-là!

L'ÉMIGRÉ. Oui, oui, vous avez raison, l'avantage est maintenant pour eux; ils vont jeter les grapins sur le brick.

PIERRE. C'est en vain qu'on voudra les repousser, ils avancent... nous avançons!

L'ÉMIGRÉ. Oui, oui, nous avançons, nous gagnons du terrain... Oh! le brave peuple, le brave peuple!... Regarde, regarde, camarade, les Anglais commencent à fuir; frère, nous sommes victorieux... Vienne la mort pour nous à présent, mais victoire à la France!

PIERRE, l'embrassant. Ah! je le savais bien, moi, qu'il y avait toujours du bon sang français dans ce cœur-là... Mais, ô ciel, j'avais oublié... Ah! monsieur, songez à mon frère!

L'ÉMIGRÉ. Et mon enfant! mon enfant! puissé-je encore les sauver tous les deux! (Il sort, un factionnaire anglais referme la porte et empêche Pierre de le suivre.)

SCÈNE VI
PIERRE, seul.

Le bruit du combat a cessé, je n'entends plus rien! rien!... Et mes ennemis ne rentrent pas dans cette cabine pour m'arracher la vie... O mon Dieu! mon Dieu! que se passe-t-il donc?... Me serais-je abusé, et la victoire serait-elle demeurée aux Anglais?... Ah! quoi qu'il arrive, n'oublions pas cet écrit, ces derniers adieux que je dois adresser à ma mère... peut-être cet émigré pourra-t-il arriver jusqu'à elle... peut-être... (Violente explosion d'artillerie. Une partie des planches qui servent de toiture et de murailles à la chambre où se passe l'action tombent renversées et laissent voir le pont du navire. Les Anglais reviennent en désordre sur le devant de la scène, et couchent en joue Pierre, qui s'est levé et attend avec résignation.)

SCÈNE VII
PIERRE, LES ANGLAIS.

CRI GÉNÉRAL DES ANGLAIS. A mort! à mort le Français à mort l'espion!

LE CAPITAINE, s'élançant entre ses soldats et Pierre. Arrêtez! arrêtez! un instant encore épargnez cet homme, il peut nous être utile... Nous avons perdu les plus braves de nos camarades, les plus habiles de nos marins, et Jacob lui-même, notre pilote, vient de mourir... (A Pierre.) Toi seul peux le remplacer à la barre.

PIERRE. Jamais! tuez-moi.

LE CAPITAINE. Toi seul peux diriger la manœuvre qui nous rapprochera de la flotte anglaise avant que les Français aient pu jeter les grapins sur notre navire.

PIERRE. Tuez-moi donc!

LE CAPITAINE, lui montrant l'extrémité du navire. Regarde: vois-tu là-bas ce Français qui était auprès de toi tout à l'heure, et qui tient dans ses bras deux enfants?

PIERRE. O ciel! mon pauvre Marcel! mon frère!...

LE CAPITAINE. Ton frère est mort si tu ne vas pas te placer à l'instant à la barre.

PIERRE. Ah! malheureux enfant!... et toi, ma mère, à qui je dois compte de sa vie...

LE CAPITAINE. Décide-toi; je n'ai qu'à faire un geste, et il va périr ta victime.

PIERRE. Eh bien! puisqu'il le faut, pour lui, pour lui seul... (En marchant vers le fond, il aperçoit et saisit le pavillon tricolore que le capitaine a fait arborer à la première scène.) Ah! ce pavillon, vous avez eu tort de l'arborer sur votre navire; moi, je le trahirais!... moi, je vous servirais contre mon pays!... Oh! même pour le sauver, lui, tu ne le voudrais pas, ma mère!... Non, périssent tes deux enfants, et vive la France!

(De nouveau on le couche en joue, et il tombe à genoux en découvrant sa poitrine; mais un cri multiplié de VIVE LA FRANCE! A L'ABORDAGE! répond à celui de Pierre; dans un instant le brick est envahi par les Français, soldats et marins de la République, qui viennent délivrer Pierre en renversant ses ennemis; plusieurs matelots français s'approchent de lui, le relèvent et l'embrassent.)

SCÈNE VIII
LES MÊMES, MATHIEU LOUCHARD, ANDRÉ, JEAN, D'AUTRES MATELOTS de la République.

MATHIEU LOUCHARD. A nous la victoire, à nous le brick anglais!... Camarades, je viens de jeter à la mer un émigré, un noble, un ci-devant, que j'ai rencontré sur le tillac au moment où je montais à l'abordage.

PIERRE. Grand Dieu! qu'as-tu dit?

MATHIEU LOUCHARD. Qu'il aille servir de pâture aux requins! Point de pitié pour les traîtres qui cherchent un refuge chez les ennemis de leur patrie... Allons, à fond de cale les Anglais!

D'AUTRES MATELOTS. A fond de cale!

(Mathieu Louchard et d'autres emmènent les Anglais. Pierre reste seul en scène avec un autre matelot (Jean.)

PIERRE, suivant des yeux Mathieu Louchard, qui s'éloigne. Ah! le misérable! il a tué le plus loyal, le plus généreux des hommes; mais lui, lui, mon frère, qu'est-il devenu?... où est-il?

JEAN. Un enfant, n'est-ce pas? Il est sauvé, rassure-toi.

PIERRE. Sauvé!

JEAN. Oui, lorsque l'émigré a été renversé du tillac par cet enragé-là, un de nos camarades, André, a retenu l'enfant, que le noble allait entraîner avec lui... Tiens, regarde, le voilà.

(Paraît André, matelot, tenant un enfant dans ses bras.)

PIERRE, courant à lui, regardant l'enfant, et jetant un grand cri. Ah! ce n'est pas lui!... ce n'est pas mon frère. Et l'autre enfant, parle, réponds-moi donc?

ANDRÉ. L'autre!... je n'ai pu en sauver qu'un seul.

PIERRE. Marcel! mon frère! mort!... O ma mère, ma mère! de quel front te reverrai-je, lorsque j'ai perdu mon frère?... Oh! je veux le suivre, je veux mourir!...

(Il marche vers les bastingages comme pour se jeter à la mer. Tous les matelots républicains sont remontés sur le pont et le retiennent.)

ANDRÉ, tombant à ses genoux, et lui montrant la petite fille. Camarade, et cette enfant?

PIERRE. Cette enfant!!... Ah! tu as raison, toi, j'allais oublier mon devoir, mes serments... Pour toi, pauvre orpheline, pour toi, je dois avoir le courage de vivre... le noble royaliste avait promis appui et protection au frère du matelot républicain, et le matelot jure encore, à la face du ciel, qu'il servira de protecteur et de père à la fille de l'émigré.

(Il étend les mains sur la tête de la petite fille; la toile tombe.)

ACTE DEUXIÈME

L'AUBERGE DE LA MARINE

(La scène se passe en 1814 à Rochefort, dans une auberge servant de rendez-vous à la marine et tenue par Geneviève, mère de Pierre. Un jardin fermé au fond seulement par une barrière de trois pieds à peu près de hauteur. A l'extérieur, un vaste chantier, au milieu duquel on voit, soutenue par des échafaudages, la frégate la Méduse, dont la construction est à peine achevée.

SCÈNE PREMIÈRE
JEAN et PLUSIEURS AUTRES MATELOTS; UN MOUSSE.

(Au lever du rideau ils sont attablés et boivent ensemble.)

GRAINDESEL. Et vous dites donc, monsieur Jean, qu'il y a de cela...

JEAN. Quinze ans, ni plus ni moins, mon petit Graindesel; car nous étions à la fin de mil sept cent quatre-vingt-dix-neuf.

GRAINDESEL. Et le brick anglais?

JEAN. Nous a ramenés en triomphe dans le port de Brest.

GRAINDESEL, avec enthousiasme. Et il avait arboré sur tous ses mâts le pavillon tricolore!

JEAN. Tais-toi, gamin; j' te dis qu'il s'est passé quinze ans, c'est-à-dire qu'il s'est éclipsé une république et un empire; ce qui fait qu'à présent... suis bien mon raisonnement, moussaillon, ce qui fait qu'à présent nous v'là redevenus bel et bien le royaume de France et de Navarre, par la grâce de Dieu; ce qui fait encore qu'on va nous envoyer aujourd'hui à Rochefort des officiers tout nouveaux, tout frais fabriqués, à qui le pied trébuchera et qui auront le mal de mer à la première mise à la voile; ce qui fait enfin que je suis forcé, dans ton intérêt, de te défendre de parler tout haut de rien qui soit tricolore; ne perds pas ça de vue, blanc-bec, et tâche d'amarrer ta langue, si c'est possible, et si tu ne veux pas recevoir de tes nouveaux chefs une gratification de coups de pied dans ton gaillard d'arrière.

GRAINDESEL. Suffit, monsieur Jean; je ne suis pas intéressé, et je ne tiens pas à la gratification. Pour en revenir au brick anglais, c'est donc grâce aux signaux d'un pilote côtier qu'il est tombé au pouvoir de la France?

JEAN. Juste, mon garçon; et ce pilote n'était autre que le fils de cette bonne madame Geneviève.

GRAINDESEL. La maîtresse de cette auberge?

JEAN. Comme tu dis, une brave et digne femme, sacrédié... et que nous aimons tous, comme nous l'aimions, lui, son fils, le lieutenant Pierre; car il était déjà lieutenant de vaisseau il y a deux ans, lorsqu'il est venu passer un trimestre auprès de sa vieille mère, et qu'il est reparti après l'avoir mise à la tête de l'auberge de *la Marine*. Il fallait voir, mes enfants, comme tous ses anciens camarades crevaient de rage de ne pas le suivre lors de son dernier départ. Mais pas moyen... l'obéissance, la discipline... notre poste était ici, et le sien à bord... et dire qu'il s'est battu sans nous, pendant que nous étions là, tranquillement, à nous gâter le pied en terre ferme, à fumer notre pipe et à lamper de l'arack et du schnick chez la mère Geneviève! Son fils, notre intrépide lieutenant, s'est battu sans nous, et maintenant le v'là encore prisonnier dans les pontons d'Angleterre! Les Anglais sont nos alliés, à ce qu'on dit, et on ne nous renvoie pas notre lieutenant, on l'oublie... Ah! mille sacrés tonnerres!... si j'osais parler politique; mais je ne l'ose pas. Je suis comme toi, Graindesel, j'ai peur des gratifications... A la santé du lieutenant Pierre!

TOUS. A sa santé!

SCÈNE II

LES MÊMES, NARCISSE dit LE PARISIEN.

LE PARISIEN, entrant par le fond en fredonnant.

Allons à Lorient
Pêcher des sardines;
Allons à Lorient
Pêcher du hareng.

(Tout le monde s'est levé à l'entrée du Parisien et se groupe autour de lui.)

TOUS. Ah! c'est le Parisien!

GRAINDESEL. Bonjour, Parisien, bonjour.

LE PARISIEN. Bonjour, les enfants. Il me semble que ce matin vous avez le vin un peu triste... vous avez des chagrins... Raison de plus, faut rire... faut faire des farces. Je suis pour les farces, moi, je suis Parisien, et j'ai été surnommé le Loustic de la marine française.

JEAN. Et ton élève le Champenois, où est-il donc? qu'est-ce qu'il devient?

LE PARISIEN. Ah! ah! mon petit matelot Daniel Riboulard, celui qui est arrivé de Sézanne, sa patrie, avec d'autant plus d'écus de six livres dans sa poche qu'il a moins de cervelle dans sa tête... Figurez-vous, mes enfants, une bonne farce...

TOUS. Quoi donc?... quoi donc?

LE PARISIEN. Je lui ai promis, je lui ai fait accroire...

JEAN. Eh bien?

LE PARISIEN. Silence! le v'là... Attention, vous autres, et secondez-moi. (Daniel paraît au fond du théâtre.) Regardez-moi un peu cette frimousse-là... je vous donne mon ami le Champenois pour le roi des jobards. (Allant à lui.) Bonjour, Champenois, bonjour.

TOUS, excepté Jean, allant à lui et riant aux éclats. Bonjour, Champenois.

SCÈNE III

LES MÊMES, DANIEL dit LE CHAMPENOIS.

DANIEL. Messieurs... certainement... j'ai l'honneur...

LE PARISIEN. Approchez, mon jeune et intéressant ami... Il est fait à savoir à tout un chacun que l'être ci-présent est venu se placer sous ma protection particulière, que je lui ai promis de le délurer, de le dégourdir et de lui tirer son horoscope par rapport à son avenir dans la marine et à ses triomphes futurs auprès des petites femmes aimables qu'il est appelé par son physique charmant à fréquenter et à séduire... cric...

TOUS. Crac.

DANIEL. Hein! plaît-il? cric, crac!... Je comprends pas.

LE PARISIEN. Assieds-toi là, mon garçon... et vous tous... ne perdez pas un mot de ma prédiction...

JEAN. Tu es donc magicien, toi?

LE PARISIEN. Lieutenant dans la magie, rien que ça, mon fiston.

DANIEL. Ah! il y a donc aussi des lieutenants dans ce corps-là, comme dans la marine?

LE PARISIEN. C'est tous les mêmes grades, Champenois; mais, par exemple, jamais d'injustice dans la magie, jamais: si vous êtes bon magicien, eh bien, vous passez de droit meilleur magicien, qu'est comme qui dirait lieutenant de la chose; si vous êtes meilleur magicien, vous passez très-bon magicien, qu'est comme capitaine de corvette de la chose; si vous êtes très-bon magicien, vous passez fameux magicien, et ainsi de suite.

DANIEL. Et quel est le plus bas grade, par exemple le grade de matelot, dans c' régiment-là?

LE PARISIEN. C'est tout simple, Champenois: puisque les plus hauts grades de la chose c'est fameux, excellent, excellentissime magicien, eh bien, le plus bas grade c'est fichu magicien.

DANIEL. Est-ce que je ne pourrais pas être fichu magicien, moi?

(Tous rient aux éclats.)

LE PARISIEN. Voyez-vous? voyez-vous l'ambition? Plus tard, je ne dis pas... Après que je t'aurai fait ton horoscope, nous verrons, c'est possible; et même tu te devras ça à toi et à ta respectable famille... mais d'abord il faut commencer par le commencement... Donne-moi ta main.

DANIEL. Voilà.

LE PARISIEN. La belle main!

GRAINDESEL. Superbe!

LE PARISIEN. Cric!

TOUS. Crac!

DANIEL. Encore cric, crac!

LE PARISIEN. Daniel Riboulard, je lis dans cette main-là que tu veux connaître ton horoscope.

DANIEL. Précisément... Comme il devine!...

LE PARISIEN. Je lis dans cette main-là que tu es né à Sézanne, en Champagne, d'une famille honnête, mais cossue et considérée dans ton endroit.

DANIEL. Juste... maman est blanchisseuse, et papa portier. Comme il devine, comme il devine!

LE PARISIEN. Je lis dans cette main-là que tu as de dix-neuf à vingt-sept ans.

DANIEL. Juste; j'en ai dix-huit... Oh! mais comme il devine!...

LE PARISIEN. Est-il bête! est-il bête!

DANIEL. Comme il devine!

LE PARISIEN. Je lis dans cette main-là que pour bien connaître le reste de ta destinée tu devras me fournir à l'instant tous les ingrédients nécessaires à la confection d'une magie de première qualité... à savoir: tu devras me fournir un écu de six livres.

DANIEL. Ce n'est pas trop cher.

LE PARISIEN. C'est pour rien.

DANIEL. Voilà.

LE PARISIEN. Ensuite une poule.

DANIEL. Une poule!

LE PARISIEN. Noire, mais noire comme de l'encre, à moins... à moins que n'y en ayant pas de noire, une poule blanche comme la neige serait absolument la même chose.

DANIEL. Tant mieux encore... j'ai le choix... Comme ça se trouve! Nous disons donc un écu de six livres et une poule.

LE PARISIEN. Ensuite...

DANIEL. Ah! il y a encore quelque chose?

LE PARISIEN. Ensuite, cinq pages d'un livre de messe, un petit fromage de Hollande, trois bouts de filin, sept boujarons d'eau-de-vie, une paire de bas de laine, encore deux écus de six livres et une pièce de vingt-quatre sous: c'est le tarif pour une magie de première qualité.

DANIEL. Mais ça coûte les yeux de la tête, cette magie-là!

LE PARISIEN. C'est un prix fait, mon garçon; c'est à prendre ou à laisser... mais, à ce prix-là, je lis dans cette main que tu passeras fichu magicien dans deux ans trois mois et un jour.

DANIEL. En vérité!

LE PARISIEN. Que tu es appelé aux aventures les plus fantastiques et les plus mirobolantes; que tant plus que tu verras sur ton passage des femmes charmantes, tant plus tu seras leur vainqueur.

DANIEL. Vrai! vrai!... Oh! des femmes! des femmes!

LE PARISIEN. Tu en posséderas de toutes les couleurs; depuis le bois d'ébène ou le cirage anglais jusqu'au blanc de céruse... blanches comme toi z'et moi, Champenois.

DANIEL. Pas possible!

LE PARISIEN. Je lis encore dans cette main-là que tu deviendras le fameux des fameux dans la marine; que tu seras inondé de grades, de croix et de très-grands honneurs; que tu auras pour ta pension de retraite des royaumes et même des empires romains... pourtant faut pas compter sur être empereur romain, parce que c'est rare depuis la révolution; mais pour des royaumes, c'est du pain sur la planche... cric!

TOUS. Crac!

DANIEL. Merci! merci! Parisien, adieu, mes bons amis, adieu.

GRAINDESEL. Eh bien, où vas-tu donc?

DANIEL. Je vas... je vas acheter une paire de bas de laine et tordre le cou à une grosse poule, noire ou blanche... cric-crac! je l'extermine.

(Il sort par la gauche, tous rient encore aux éclats.)

LE PARISIEN. Je vous dis qu'il crèvera dans la peau d'un imbécile, si on ne le déplante pas tout vivant.

(Ici deux hommes paraissent au fond à droite. Ce sont André et Mathieu Louchard; le premier est toujours simple matelot, le second est maître d'équipage. Ils entrent en se querellant.)

SCÈNE IV

JEAN, GRAINDESEL, ANDRÉ, MATHIEU LOUCHARD, Matelots, Mousses.

ANDRÉ. J'en suis fâché, mais c'est comme ça... j'y tiens, et je ne céderai pas, entends-tu, Mathieu Louchard?

MATHIEU. Ni moi non plus, je ne céderai pas.

JEAN, allant s'interposer entre eux. Eh bien! eh bien! qu'est-ce que c'est? qu'est-ce que c'est? que diable avez-vous donc?

LE PARISIEN. Une querelle, une dispute entre deux amis, deux vieux camarades!... en v'là une mauvaise farce!

ANDRÉ. Deux amis... c'est vrai, j'ai un faible pour Mathieu Louchard. Nous ne nous sommes jamais quittés; il a été mon matelot avant d'être mon supérieur; et puis c'est un malin, et même lorsqu'il a tort, il trouve encore moyen de me prouver qu'il a raison; mais cette fois-ci je n'entends pas de c't'oreille-là... Pourquoi qu'il est égoïste? pourquoi qui veut que tout *soie* pour lui et rien pour les autres?

MATHIEU. Et pourquoi, matelot, te permets-tu de me tenir tête, à moi, maître d'équipage?

ANDRÉ. Il n'y a pas de maître d'équipage qui tienne, et le grade ne fait rien à la chose... c't'honneur-là m'appartient, et je le réclame.

MATHIEU. Du tout, c'est moi qui l'aurai.

ANDRÉ. C'est moi!

MATHIEU. C'est moi!

SCÈNE V

LES MÊMES, MARIE.

MARIE, entrant par le pavillon, à gauche. Quoi donc? qu'est-ce que vous avez, monsieur Mathieu?

TOUS, se découvrant avec respect. Ah! mamselle Marie!

MARIE, allant à André, et lui serrant la main. Bonjour, mon bon André, bonjour! votre servante, monsieur Jean, et vous aussi, monsieur le Parisien. Eh bien! parlez... Madame Geneviève veut absolument savoir le motif de votre discussion, et moi, je le veux aussi, entendez-vous... Parlez vite, je le veux.

ANDRÉ. Voici le fait, mamselle Marie.

MATHIEU. Laisse-moi parler, animal.

ANDRÉ. Du tout, c'est moi.

MATHIEU. C'est moi.

MARIE. Encore!... l'un après l'autre; toi, d'abord, André.

ANDRÉ. M'y v'là. C'est pour vous dire que les ouvriers du port viennent d'achever la construction de la frégate la Méduse. (Il indique le fond du théâtre, tous se retournent et regardent le navire en construction.) Et aujourd'hui, en réjouissance, ils donnent ici même, chez la bonne madame Geneviève, la mère des marins et des ouvriers, une fête...

TOUS. Une fête!

ANDRÉ. Une grande fête à laquelle ils invitent tous les matelots de Rochefort, et c'est moi, comme le plus ancien de tous les matelots, y compris les maîtres d'équipage, entends-tu, Mathieu Louchard? c'est moi qu'ils ont choisi pour inspecter, visiter et... comment disent-ils ça?... et critiquer leur ouvrage. C'est moi qui le premier mettra le pied sur le pont de la Méduse, en attendant que le navire soit mâté, gréé, armé et goudronné; enfin, c'est moi qui sera aujourd'hui le commandant de la frégate, le roi de la fête.

TOUS. Oui, oui, c'est André!

MATHIEU. Et moi, je soutiens que ce doit être moi; mon grade...

MARIE. Et moi, je soutiens que ce ne sera ni l'un ni l'autre.

TOUS. Comment?...

MARIE. Ce sera votre ami à tous, votre chef, le lieutenant Pierre, qui doit être de retour ici avant une heure.

TOUS. Le lieutenant!

JEAN. Avant une heure!

ANDRÉ. Est-il possible!

MARIE. Oui, nous allons le revoir, il l'a écrit à sa mère... quel bonheur! n'est-ce pas que vous êtes tous de mon avis, et qu'à lui, André, vous céderez sans peine l'honneur qui vous attendait?

ANDRÉ. Fichtre, oui! à celui-là je ne dis pas... si quelqu'un a le droit de commander la frégate, c'est lui, et ça portera bonheur à tous les deux, au lieutenant et au navire.

MARIE. Et vous, monsieur Mathieu, vous ne dites rien! est-ce que vous n'approuvez pas?...

MATHIEU. Si fait, si fait, mademoiselle; du moment que vous l'ordonnez... va donc pour monsieur Pierre!... (A part.) Que le diable emporte le lieutenant!

MARIE. Ainsi c'est convenu, je vous laisse, et je vais tout dire à madame Geneviève, qui va venir tout à l'heure avec vous remercier tous de votre amour pour son fils. Au revoir, mes amis, au revoir!...
(Elle sort.)

SCÈNE VI

LES MÊMES, excepté MARIE.

JEAN. Est-elle gentille! est-elle gentille!

LE PARISIEN. La jolie petite corvette! comme on aimerait à en être le pilote, quitte à se laisser gouverner au *lieu* de gouverner soi-même! Hein! les enfants, n'est-ce pas que ça vous irait d'avoir un camarade de hamac comme celui-là?

GRAINDESEL. Certainement, ça m'irait.

TOUS. A moi aussi! à moi aussi!

ANDRÉ. Un moment! pas de bêtise, c'est un oiseau trop huppé pour vous, mes camarades... Telle que vous la voyez, c'est la fille d'un grand seigneur, d'un duc et pair pour le moins.

GRAINDESEL. Plaît-il?

ANDRÉ. Oh! c'est une histoire qui remonte à quinze ans.

JEAN. Et qui se rattache à celle du brick anglais dont je vous parlais tout à l'heure.

ANDRÉ. Ça serait trop long à vous raconter; seulement, je vous réitère que ce n'est ni moi, ni vous, ni toi, ni lui qui épousera mamzelle Marie. Fichtre, il lui faut mieux qu'ça, à c'te jeunesse.

MATHIEU. Mieux qu'ça? Cependant je connais quelqu'un qui n'est pas bien loin et qui est décidé à la demander en mariage.

TOUS. En mariage! quelqu'un!

MATHIEU. Oui, quelqu'un que vous n'aimez pas trop, vous autres, et qui s'en fiche parce qu'il est arrivé, et qu'il arrivera toujours, malgré vous tous; quelqu'un à qui tout a réussi jusqu'à ce jour, et qui a mis de côté de bonnes petites rentes pour les offrir à sa prétendue; quelqu'un enfin...

ANDRÉ. Est-ce que ce serait toi, par hasard?

MATHIEU. Moi-même; c'est toi qui l'as nommé.

ANDRÉ. Toi, l'époux de mamzelle Marie! fichtre!

LE PARISIEN. Excusez! c'te chance!

JEAN. Plus souvent!

MATHIEU. Et pourquoi pas? elle a beau être, comme tu dis, la fille d'un grand seigneur, elle n'a pas le sou, pas d'autre dot que ses beaux yeux, je m'en contente, et je le défie de trouver un mari qui vaille mieux pour elle que moi.

LE PARISIEN. En v'là un qui ne s'égratigne pas.

MATHIEU. Vous allez voir; la v'là qui revient avec madame Geneviève, je vais faire ma demande à l'instant même.

LE PARISIEN. Fameux!... nous allons rire.

SCÈNE VII

LES MÊMES, GENEVIÈVE, MARIE.
(Tout le monde salue respectueusement Geneviève.)

GENEVIÈVE. Eh bien! mes enfants, nous avons donc aujourd'hui une fête; elle arrive tout juste pour le retour de mon fils. Merci, André, de l'honneur que vous lui faites, et vous aussi, monsieur Mathieu, merci.

MATHIEU. Il n'y a pas de quoi, madame Geneviève. (A part.) Elle paraît assez bien disposée, je ne risque. (Haut.) Madame Geneviève, je causais tout à l'heure, avec les camarades, d'un projet que j'ai en tête depuis longtemps, et que je voudrais vous communiquer.

GENEVIÈVE. Un projet, vous! mais je suppose que cela ne me regarde pas.

MATHIEU. Au contraire, cela vous regarde particulièrement, vous et mademoiselle Marie.

MARIE. Moi!

MATHIEU. Madame Geneviève, je n'y vais pas par quatre chemins, j'ai dix-huit cents livres de rente; votre fils, le lieutenant Pierre, prisonnier depuis quinze mois bientôt, n'a pas dû faire de grandes économies; les matelots sont pauvres, ce qui fait que l'auberge de la Marine ne va pas trop bien, surtout depuis le nouvel ordre de choses; vous, vous êtes la bonté même, vous faites crédit avec un peu trop de facilité, d'où il résulte que ça va mal, ça va très-mal.

LE PARISIEN. Hein! qu'est-ce que tu dis donc, toi?

JEAN. Madame Geneviève ne perdra rien, entends-tu... tous nous lui en répondons.

GENEVIÈVE. Assez, assez, mes amis; laissez continuer monsieur Mathieu Louchard.

MATHIEU. Enfin, madame Geneviève, je propose de réparer le malheur général, de donner des fonds pour remettre à flot votre auberge, et de la diriger moi-même avec mademoiselle Marie, qui deviendrait alors madame...

ANDRÉ. Madame Mathieu Louchard!

LE PARISIEN. V'là une petite femme bien heureuse!

MARIE, bas à Geneviève. Ah! jamais, jamais, n'est-ce pas, ma mère?

GENEVIÈVE. N'aie pas peur, mon enfant.

MATHIEU. J'attends votre réponse.
(Mouvement général de curiosité.)

GENEVIÈVE. Pardon, je suis vieille, et j'ai peine à rejoindre; à rassembler toutes mes idées... m'y voilà: Vous avez le malheur de ne pas vous être fait beaucoup d'amis; à tort ou à raison, dans le pays, à l'exception de ce bon André qui aime tout le monde et qui ne se défie de personne, on se défie de vous et l'on ne vous aime guère.

MATHIEU. Madame Geneviève...

GENEVIÈVE. Laissez-moi parler; je vous ai écouté sans vous interrompre. D'où viennent toutes ces préventions contre vous, je l'ignore, et je ne veux pas chercher à le savoir; mais je sais que vous fûtes autrefois l'ennemi de mon mari, et que constamment depuis vous avez été celui de mon fils; je sais enfin, et cette pensée ne m'a pas quittée depuis quinze ans, je sais que le plus jeune de mes enfants... Tiens, Marie, parle pour moi, les larmes m'étouffent; rappelle-lui, rappelle-lui devant tous ce qu'il n'aurait pas dû oublier non plus depuis quinze ans.

MARIE. Le dernier de ses fils, Marcel, celui qu'alors elle chérissait le plus peut-être, a été précipité dans les flots presque sous les yeux de son frère... Vous savez, monsieur, comment cela s'est passé. Quelques jours après, monsieur Pierre, en annonçant à sa mère cette affreuse nouvelle, lui présenta un autre enfant, une petite fille qu'il avait juré de secourir, de protéger jusqu'à son dernier soupir; d'abord, vous me l'avez dit, madame Geneviève, vous repoussâtes bien loin de vous l'enfant qu'on vous apportait lorsque vous veniez de perdre le vôtre; mais peu à peu vous vous êtes laissée prendre à l'aimer et à la chérir aussi, cette orpheline, à l'aimer, n'est-ce pas, de tout l'amour d'une mère?

GENEVIÈVE. Oui, de tout l'amour d'une

mère. C'est ma fille, entendez-vous... ma fille! et aujourd'hui celui qui fut, sans le vouloir peut-être, mais toujours parce qu'il obéissait à un instinct aveugle de cruauté, celui qui fut coupable de la mort du dernier de mes fils, celui-là ose me proposer d'être le mari de ma fille! Jamais, monsieur, jamais!.. oh! je n'oublie pas, je ne pardonne pas, je suis mère! et je hais, je hais jusqu'à la mort, le meurtrier de mon enfant, le mauvais génie de toute ma famille... Marie est promise.

TOUS. Promise!

MARIE. Que dites-vous, ma mère?

GENEVIÈVE. Bientôt, je l'espère, tous nos amis seront invités à la fête de son mariage.

MARIE. Mon mariage!

GENEVIÈVE. Elle sera la femme d'un brave et honnête homme... c'est assez vous dire, monsieur Mathieu Louchard, qu'elle ne sera jamais la vôtre.

(En disant ces mots, elle tombe sur un fauteuil, épuisée par l'effort qu'elle vient de faire; tout le monde vient se grouper autour d'elle, Marie leur serre la main à tous, et leur fait signe de s'éloigner; ils sortent tout doucement.)

LE PARISIEN, s'en allant au milieu des autres matelots. Eh bien! moi qui m'attendais à rire, voilà que je pleure à présent... c'est égal, Mathieu Louchard, enfoncé!

TOUS. Enfoncé...

(Ils sortent, Mathieu reste seul sur le devant de la scène.)

MATHIEU, à part, en regardant les deux femmes. Madame Geneviève, je vous prouverai, en effet, que je suis le mauvais génie de votre famille.

(Il sort lentement par le fond, regarde bien autour de lui si on l'observe, examine attentivement le navire en construction, puis disparaît derrière les échafaudages.)

SCÈNE VIII
GENEVIÈVE, MARIE.

GENEVIÈVE. Je n'ai pas été maîtresse de moi, je me suis emportée... j'ai eu tort; mais toujours à la vue de cet homme...

MARIE. Allons, ne songez plus à lui; vous voyez bien que nous sommes seules à présent... Mon Dieu! vous étiez si joyeuse ce matin! Pourquoi faut-il?...

GENEVIÈVE. Oui, ce matin... et ça va revenir, je l'espère bien.

MARIE. Avec lui, avec votre fils.

GENEVIÈVE, se levant. Pierre!... il tarde bien!... je suis d'une impatience...

MARIE. Et moi donc!... il a été si bon pour moi, monsieur Pierre; avec vous, il a pris soin de mon enfance... de près comme de loin, il n'a pas cessé un instant de songer à la pauvre Marie... et lorsqu'il est venu ici, il y a deux ans, pendant les six mois qu'il a passés auprès de nous, que de soins, quelle affection tendre et généreuse!... aussi, jamais ses bienfaits ne sortiront de ma mémoire... je vous aime comme une mère... et lui, lui qui est votre fils, mais qui m'appelle, ainsi que vous, sa fille, je ne sais si je dois l'aimer comme un frère ou comme un père

GENEVIÈVE, à part. Un frère ou un père!... ce n'est pas mal; mais il faudra qu'elle l'aime encore autrement.

MARIE. Plaît-il? je n'entends pas...

GENEVIÈVE. Rien, rien, mon enfant. (A part.) Pierre, tu l'as voulu... je t'ai promis de ne pas lui dire un mot de notre projet, et, quoi qu'il m'en coûte, je tiendrai ma promesse.

MARIE, à part. Qu'a-t-elle donc à se parler ainsi? (Haut.) Ma mère, expliquez-moi donc une parole, une seule, que je n'ai pas bien comprise dans ce que vous avez dit tout à l'heure à monsieur Mathieu.

GENEVIÈVE. Une parole!... quoi donc?

MARIE. Vous avez dit, oh! oui, je me le rappelle, j'en suis bien sûre, vous avez dit: Marie est promise.

GENEVIÈVE, avec embarras. Promise!... ah! j'ai dit cela?

MARIE. Oui, ma mère; et vous avez ajouté: Elle sera la femme d'un brave et honnête homme.

GENEVIÈVE, à part. Ah! sainte Vierge!... comment me tirer de là? Et ma promesse!...

MARIE. Eh bien! oh! parlez, parlez vite, cela me regarde un peu, ma mère, et j'ai bien le droit d'être curieuse.

GENEVIÈVE. C'est juste, c'est juste, mon enfant. (Elle lui fait signe de regarder si personne ne peut les entendre, et dit à part:) Au moins ne lui disons que la moitié du secret, ce sera toujours autant de sauvé pour l'acquit de ma conscience.

MARIE. Personne ne nous écoute... j'attends.

GENEVIÈVE. Apprends donc que Pierre m'annonce dans sa dernière lettre qu'il veut te donner un mari.

MARIE. Ah! un mari... et il vous annonce en même temps, sans doute, quel est celui qu'il a choisi?

GENEVIÈVE. Oui, il me l'annonce...

MARIE. Un marin, peut-être?

GENEVIÈVE. Précisément, un marin... un lieutenant de vaisseau.

MARIE. Ah! comme monsieur Pierre?

GENEVIÈVE. Juste... comme lui.

MARIE. Et... c'est... un jeune homme?

GENEVIÈVE. Dame!... oui, c'est un jeune homme (A part.) Quarante-deux ans, c'est le plus bel âge pour se marier.

MARIE. Et je vais le voir bientôt?

GENEVIÈVE. Oui, bientôt.

MARIE. Aujourd'hui?

GENEVIÈVE. Dans un instant.

MARIE. Ici?

GENEVIÈVE. Ici.

MARIE. Mais, ma mère, vous n'y songez pas... nous n'avons plus que la chambre réservée à monsieur Pierre (Elle montre le petit pavillon à la droite du public.)

GENEVIÈVE. Eh bien! il la partagera.

MARIE. Ah! c'est juste... entre amis...

GENEVIÈVE. Oui, ton prétendu est le meilleur ami de mon fils.

MARIE. Son nom?

GENEVIÈVE. Son nom?... (A part.) Oh! ma foi, Pierre en dira ce qu'il voudra, mais je n'y tiens plus. (Haut.) Apprends donc, ma chère amie...

MARIE. Quoi?

GENEVIÈVE. Rien, rien, tu es trop curieuse. (Elle rentre.)

SCÈNE IX
MARIE, seule, puis un instant après MATHIEU LOUCHARD.

MARIE. Ah! mon Dieu! qui m'aurait dit ce matin que l'on songeait à me marier, et que je me trouverais aujourd'hui même en présence de celui qu'on me destine?

(Elle s'assied et demeure un instant immobile et rêveuse; dans ce moment on voit Mathieu très-pâle et très-agité paraître sur un des échafaudages.)

MATHIEU, à part. Personne ne m'a vu... non, personne. Pierre, (montrant Marie) elle a voulu que tu sois le roi de la fête, et ce n'est pas moi qui te disputerai cet honneur. (Il disparaît de nouveau.)

MARIE. Un marin!... oui, cette profession est noble et belle, et j'ai appris ici à l'estimer, à l'admirer depuis mon enfance; pour arriver à ce grade de lieutenant de vaisseau, que d'intrépidité, que de courage et de dévouement il faut déployer, que de dangers on doit courir!... et c'est un jeune homme! et déjà il a pu l'obtenir, ce grade! et c'est lui, c'est monsieur Pierre, mon généreux bienfaiteur, mon père, l'arbitre de ma vie, qui l'honore assez pour en faire son ami, et qui me l'a choisi pour époux! Oh! je dois obéir, je dois être fière d'être sa femme.

(Pendant ces derniers mots, on a vu paraître au fond un jeune officier de marine; il a descendu la scène et se trouve tout auprès de Marie à l'instant où elle termine son monologue.)

SCÈNE X
MARIE, ARTHUR.

ARTHUR. Ma belle enfant, n'est-ce pas ici l'auberge de la Marine?

MARIE, se retournant et poussant un cri à la vue du jeune homme. Ah! pardon, monsieur... oui, c'est ici, c'est ici.

(Elle le regarde et demeure immobile.)

ARTHUR. Qu'a donc cette jeune fille à me regarder de la sorte? Est-elle folle? (Haut en s'approchant d'elle.) Mademoiselle, comme j'ai longtemps, je crois, à demeurer à Rochefort et dans cette auberge...

MARIE, à part. Longtemps...

ARTHUR. Je dois, suivant l'usage, dire à mes hôtes qui je suis; je me nomme Arthur de Marsay, et je suis lieutenant de vaisseau.

MARIE, à part. Lieutenant de vaisseau! oh! je suis toute tremblante! (Haut.) Monsieur, ne précédez-vous pas ici de quelques instants monsieur Pierre?

ARTHUR. Monsieur Pierre! un lieutenant de vaisseau comme moi, n'est-ce pas?

MARIE. Oui, monsieur.

ARTHUR. J'ai été son compagnon de voyage, et même nous avons eu ensemble, mademoiselle, un entretien que je n'oublierai de ma vie.

MARIE, à part. Ah! c'est lui, c'est lui!

ARTHUR, à part. Non, certes, je ne l'oublierai pas, car j'ai vu le moment où tous les deux nous allions nous sauter à la gorge; et pour lui comme pour moi, je ne souhaite pas que nous nous retrouvions souvent ensemble. (Se retournant vers Marie qui le regarde toujours, et détourne seulement les yeux lorsqu'il reporte les siens sur elle.) Ah çà! mais elle me regarde toujours... c'est que je ne l'avais pas remarquée d'abord, elle est fort jolie!

MARIE, à part. Il ne me dit rien... sans doute il attend le retour de son ami pour s'expliquer en sa présence, et chaque instant augmente mon émotion, mon embarras... Je retourne auprès de madame Geneviève.

(Elle s'éloigne.)

ARTHUR. Un instant, un instant encore, de grâce, mademoiselle; vous me laissez ici seul, moi, qui arrive à peine et qui suis étranger dans cette maison.

MARIE. Pardon, monsieur, je vais prévenir ma mère.

ARTHUR. Votre mère... à la bonne heure, mademoiselle, quoique en vérité je préférerais mille fois...

MARIE. Monsieur...

ARTHUR, à part. Quel air de dignité!... (Haut.) Je n'insiste pas; seulement, mademoiselle, ne puis-je pour écrire quelques lignes disposer d'une chambre dans cette auberge?

MARIE, montrant la porte à droite. Celle-ci, monsieur, c'est la vôtre.

ARTHUR, avec surprise. La mienne!

MARIE. Madame Geneviève l'a fait préparer pour son fils.

ARTHUR. Madame Geneviève... son fils.

MARIE. Mais elle sait d'avance qu'il sera heureux de la partager avec vous.

ARTHUR. Ah! elle sait cela!

MARIE. Oui, monsieur, elle me l'a dit.

ARTHUR. Ah! elle vous l'a dit! (De nouveau Marie lui fait un signe de tête affirmatif, il entre dans la chambre en disant à part:) Décidément elle est folle, mais elle est charmante.

SCÈNE XI
MARIE, puis GENEVIÈVE.

MARIE, marchant vers la porte à gauche et appelant. Ma mère! ma mère! venez, oh! venez donc... si vous saviez...

GENEVIÈVE. Eh bien! que me veux-tu, Marie?

MARIE. Plus bas, plus bas ma mère; je l'ai vu, je lui ai parlé...

GENEVIÈVE. Tu l'as vu? Qui donc?

MARIE. Lui... mon prétendu!...

GENEVIÈVE. Comment!... il est ici!... il est de retour?

MARIE, *stupéfaite*. De retour?

GENEVIÈVE. Et il n'a pas encore embrassé sa mère!

MARIE. Sa mère?

GENEVIÈVE. Ah! c'est mal! c'est fort mal!... et je le gronderai bien fort tout à l'heure... Mais d'abord, que je l'embrasse... Où est-il donc?... Mon Dieu!... où est-il donc?

(Elle regarde le fond du théâtre.)

MARIE, *montrant le pavillon à droite*. Par ici, ma mère.

GENEVIÈVE, *regardant toujours vers le fond*. Par là?.. Oui, en effet, je le reconnais, entouré, porté en triomphe par tous ses vieux amis. C'est lui... c'est mon fils... c'est Pierre!...

(Elle court se jeter dans les bras de Pierre, qui entre entouré de Jean, d'André et d'autres matelots.)

MARIE. Monsieur Pierre!... Ah! mon Dieu! qu'ai-je fait!

SCÈNE XII

Les Mêmes, PIERRE, ANDRÉ, JEAN, Matelots.

PIERRE. Ma mère! ma bonne mère!... je vous revois enfin... je ne l'avais pas espéré... Je vous revois... et vous tous, mes anciens compagnons de gloire! *(Se retournant vers Marie, qui demeure interdite et confuse en sa présence.)* Et toi, Marie, toi... Eh bien! as-tu peur de me regarder, de me tendre la main?... Allons donc!... après deux ans d'absence, est-ce que c'est ainsi qu'on reçoit son vieil ami Pierre?... Viens! viens donc!... *(Il l'attire à lui et l'embrasse sur le front; Geneviève a paru surprise de l'embarras de Marie et des paroles de Pierre.)* Ah! j'ai oublié toutes mes souffrances!... J'ai revu ma patrie, ma mère, et ce que j'ai de plus cher au monde!

GENEVIÈVE. Mais dis-moi donc, tu parles là à Marie comme si tu ne l'avais pas déjà vue tout à l'heure.

PIERRE. Tout à l'heure?

MARIE. Ma mère!...

GENEVIÈVE. Sans doute, et je me disposais à t'adresser des reproches... Je suis jalouse d'elle au moins... et j'aurais voulu, j'aurais dû être la première... Mais je te revois, et je n'ai plus la force de songer qu'à mon bonheur.

PIERRE. Ma mère, je vous en prie, expliquez-vous; car je ne devine pas... J'arrive à l'instant, j'ai été forcé de m'arrêter sur le port par ordre de l'amiral, et avant vous, je n'avais vu, je n'avais embrassé que mes amis...

JEAN. C'est vrai.

ANDRÉ. J'en lève la main, madame Geneviève.

GENEVIÈVE, *regardant Marie avec inquiétude*. Ah! voilà qui est étrange!...

PIERRE. Quand je dis que je n'avais vu qu'eux, je me trompe... J'ai eu sur le port un entretien avec une autre personne... Mais ce n'était pas un ami, celui-là... et je crois bien que dès aujourd'hui il y a entre lui et moi une haine qui ne doit pas finir de si tôt.

(Mouvement de curiosité de tous les personnages.)

GENEVIÈVE ET MARIE. Comment?

PIERRE. Un officier de marine avec qui je voyageais depuis près de vingt-quatre heures, un tout jeune homme, un enfant à qui l'on donne le droit de commander à des hommes!... Ma foi, je vous l'avouerai, tout le temps que nous nous sommes trouvés ensemble, je souffrais, j'étais mal à mon aise... Je me rappelais tous les désastres de notre pauvre France, tous les combats que nous avions livrés, tout le sang que nous avions versé pour elle... et je me disais : Pour tout cela peut-être nous ne recueillerons qu'outrages et que persécutions!... A d'autres, à de nouveaux venus le prix de nos services...

Je ne sais si ce jeune homme a deviné ce qui se passait dans mon âme; mais son regard, son regard insolent semblait me demander compte même de mes pensées... De ce moment, nous étions ennemis; et quelques phrases assez vives, que nous avons échangées ensemble sur le port, ont achevé la déclaration de guerre... Puis, il a été accosté, fêté par l'amiral et son état-major... Tandis que moi, on me donnait dédaigneusement des ordres... et l'on semblait reprocher à mes matelots, à mes soldats, d'avoir reconnu leur vieil officier!... Ah! j'ai la faiblesse de croire aux présages, aux pressentiments... et je vous le dis, ma mère, ce nouveau venu me portera malheur.

(Pendant cette tirade, Marie a regardé avec inquiétude du côté du pavillon à droite; ici Arthur en sort.)

MARIE, *à part*. O ciel!... c'est lui!

GENEVIÈVE, *bas*. Marie qu'avez-vous?... et quel est donc cet officier?

SCÈNE XIII

Les Mêmes, ARTHUR, puis MATHIEU LOUCHARD.

PIERRE, *le regardant avec colère*. Ah! vous ici, monsieur!

JEAN, *bas à André*. C'est le nouveau venu.

ANDRÉ. Marin d'eau douce... connu! connu!

ARTHUR, *regardant avec fierté tous les marins qui lui tournent le dos, puis s'inclinant devant la jeune fille*. Je vous remercie, mademoiselle, de l'hospitalité que vous avez bien voulu m'offrir... C'est ici le rendez-vous de la marine française, et mon uniforme vous a semblé une garantie suffisante pour que j'y fusse bien accueilli : vous ignoriez qu'entre ceux qui portent cet uniforme il existe désormais des haines cruelles, qui doivent les séparer pour longtemps, pour toujours, peut-être... Je me retire... En reconnaissant tout à l'heure la voix de mon compagnon de voyage, j'ai dû comprendre, moi, que ce n'était pas ici ma place.

PIERRE. Soit! Aujourd'hui, monsieur, c'est une fête entre de vieux amis, de bons et fidèles camarades. Voyez, ces bonnes gens dont je suis entouré ne vous paraissent-ils pas une compagnie digne de vous?... Et moi, je n'en ai pas qui me soit plus chère et plus précieuse... Nous avons, il est vrai, vous et moi, des épaulettes qui se ressemblent; mais les vôtres sont toutes neuves encore, et les miennes ont tellement vieilli, que bientôt sans doute elles seront jetées au rebut; ce ruban m'a été donné par un homme dont il nous est défendu à tous de prononcer le nom... vous, c'est la croix de Saint-Louis que vous portez à votre boutonnière... Mon grade, je l'ai gagné après plus de vingt années de bons et loyaux services... et vous avez obtenu le vôtre par le fait seul de votre naissance. Enfin, vous venez de la cour, vous... et moi, j'arrive des pontons d'Angleterre. Vous voyez bien, monsieur le chevalier de Marsay, que nos goûts, nos opinions ne sauraient être les mêmes, et que jamais, non, jamais nous ne pourrons nous entendre.

(Pendant cette tirade, on voit Mathieu entrer doucement au fond, il écoute.)

ARTHUR. Monsieur... je ne demande au ciel qu'une seule occasion où nous ayons à nous retrouver auprès l'un de l'autre, c'est au moment d'un danger, d'un danger qui menace le pavillon de France... Et alors, j'en suis sûr, le vieux marin et le jeune officier, le chevalier de la Légion d'honneur et celui de Saint-Louis, le favori de la cour et le bonapartiste, s'entendront ensemble, quoi que vous en disiez... Oui, monsieur, ils s'entendront.

PIERRE, *à part*. Que dit-il?

ANDRÉ, *à part*. Au fait, il a peut-être du cœur tout comme un autre.

JEAN, *à part*. Ça c'est vu.

MARIE, *à part*. Ah! je me disais bien, moi, qu'on ne lui rendait pas justice.

ARTHUR. Jusque-là, vous l'avez dit... entre nous point d'amitié ni de sympathie... Vous et les vôtres, vous me haïssez sans me connaître... à votre aise... Pour ma part, je ne me sens pas disposé à vous aimer... Seulement, que le service ne souffre pas de cette dissension... Et vous, qui savez depuis plus longtemps que moi ce que c'est que la discipline, n'habituez pas vos matelots à me manquer de respect et à me désobéir... Adieu, monsieur... mademoiselle, je vous salue.

(Marie s'incline et Arthur s'éloigne lentement. Pierre et tous les marins lui tournent le dos.)

GENEVIÈVE, *à part, regardant Marie et Arthur*. Je ne sais pourquoi, mais voilà que je partage les pressentiments de mon fils.

MATHIEU, *accostant Arthur et lui parlant bas*. Lieutenant, je vous rendrai un compte exact de tout ce qui sera dit et fait en votre absence... je vous dirai...

ARTHUR, *à demi-voix*. Monsieur, je puis ne pas aimer ceux qui ont d'autres opinions que les miennes; mais je déteste les traîtres, mais je méprise les dénonciateurs.

(Il sort par la droite; au même instant on voit arriver par la gauche tous les ouvriers du port avec leurs femmes et leurs enfants ; puis Parisien, Daniel, Graindesel, d'autres matelots et d'autres mousses.)

SCÈNE XIV

GENEVIÈVE, MARIE, PIERRE, ANDRÉ, LE PARISIEN, DANIEL, GRAINDESEL, Ouvriers, Matelots et Mousses, Femmes et Enfants.

LE PARISIEN. Ohé! ohé! les autres, par ici; tout le monde sur le pont... ohé! ohé! branle-bas général de boissons et de comestibles!

TOUS. A table!... à table!

(On apporte plusieurs tables toutes dressées, et le repas commence.)

JEAN. Buvons d'abord au retour de notre brave lieutenant.

TOUS. Vive le lieutenant!

ANDRÉ. A la prospérité, à la gloire de la frégate *la Méduse!*

TOUS. A la gloire de *la Méduse!*

DANIEL. Ah! dis donc, Parisien, à propos de la frégate, si tu y rendais le même service qu'à moi?

LE PARISIEN. Comment?

DANIEL. Si tu y tirais son horoscope?

GRAINDESEL. Approuvé, Champenois, approuvé.

TOUS. L'horoscope de *la Méduse!*

(Mathieu reparaît sur le devant de la scène dans un coin isolé du jardin. Il écoute.)

LE PARISIEN. Attention... suif au chapeau, pipe à la bouche et du grog à discrétion pour les bons enfants; boutons de guêtres, cire à giberne et des cors aux pieds pour les pousse-cailloux; c'est la rocambole du matelot. Attention : *la Méduse*, par une belle journée d'été, met à la voile sous les ordres du brave lieutenant Pierre, qui est nommé coup sur coup capitaine de frégate, vice-amiral, amiral et grand amiral.

ANDRÉ. Fichtre!... vive le grand amiral Pierre!

TOUS. Vive le grand amiral!

LE PARISIEN. Lui et son équipage, dont j'ai celui de faire partie, se couvrent de gloire et de lauriers en coulant à fond toute une flotte anglaise; l'étranger nous demande grâce, et nous sommes bons enfants: nous lui tendons la main, et nous emmenons leurs épouses en captivité, où nous leur prodiguons toutes les douceurs de la vie.

DANIEL, *au peu gris*. Oh! les épouses! les épouses!

(Mouvement bruyant de joie parmi tous ceux qui écoutent..)

LE PARISIEN *leur fait signe de se taire et continue à demi-voix d'un air de mystère, pendant que Mathieu Louchard écoute plus attentivement.* Après deux années de navigation et de combats, nous parvenons, à bord de *la Méduse*, à tirer le grand homme de l'île Sainte-Hélène, et nous achevons sous ses ordres la conquête du monde.

TOUS. Bravo! bravo! fameux!

DANIEL. Oh! sacré mille tonnerres, la belle horoscope!

ANDRÉ. Fichtre!... vive l'emp...

PIERRE. Tais-toi.

TOUS. Vive l'emp...

PIERRE. Arrêtez, arrêtez mes amis... je vous en prie, je vous l'ordonne, un seul cri désormais, un seul, qui est de tous les temps... Vive la France!

TOUS. Vive la France!

(Mathieu écrit quelques mots sur un petit agenda. On s'est tout à fait levé de table. Les ouvriers viennent présenter à Pierre un énorme bouquet.)

ANDRÉ. Oui, lieutenant, c'est convenu, à vous l'honneur de monter le premier sur le pont de la frégate.

PIERRE. Merci, mes amis, merci!

(Il marche vers le théâtre avec les ouvriers, et met le pied sur l'échelle.)

MATHIEU, *sur le devant de la scène, à part.* Ah! l'instant est venu!... qu'est-ce que j'ai donc?... des remords... Ma foi, non... tant pis pour lui... et moi aussi, j'aurai tiré à ma manière l'horoscope de *la Méduse*.

(Tout le monde a les yeux sur Pierre; à peine a-t-il mis le pied sur la frégate, qu'une planche se détache, Pierre chancelle et tombe renversé du haut du navire.)

CRI GÉNÉRAL. Ah!

Tout le monde se porte en foule vers l'endroit où est tombé le lieutenant.)

MARIE. Pierre!

GENEVIÈVE. Mon fils!

ACTE TROISIÈME

LE DÉPART

(Une chambre d'auberge. Au fond, les bords de la Charente, et plusieurs barques amarrées.)

SCÈNE PREMIÈRE
MARIE, ANDRÉ.

ANDRÉ. Ainsi, mamselle Marie, je puis l'annoncer aux camarades, nous n'avons plus à trembler pour les jours du lieutenant; le v'là tout à fait rétabli?

MARIE. Oui, tout à fait; mais combien il a souffert! que de fois, depuis un an, madame Geneviève et moi, nous avons cru qu'il allait expirer entre nos bras! c'est il y a six semaines seulement que les médecins ont déclaré que sa vie n'était plus en danger, et maintenant enfin il ne reste plus que le souvenir de ses souffrances.

ANDRÉ. Ah! dame! c'est qu'il était joliment fêlé lors de sa descente sans parachute du haut de la frégate... et dire que toutes nos recherches ont été inutiles, impossible de découvrir d'où le malheur était venu. Les charpentiers soutiennent que la besogne était solide et construite dans toutes les règles. Faut que le diable s'en *soie* mêlé... le diable... ou bien...

MARIE. Ou bien...?

ANDRÉ. Tenez, tous les marins du port ont eu c't' idée-là, et moi, tout le premier, mamselle Marie, c't' infamie-là, cette scélératesse a dû nous venir...

MARIE. De qui donc?

ANDRÉ. Eh bien, de c' tas d' parvenus, de nouveaux officiers qui nous ont été expédiés de Paris pour remplacer les anciens.

MARIE. Ah! que dites-vous là, André?

ANDRÉ. Fichtre! nous n'avons pas de preuves, sans ça, nous avons bien juré qu'on trouverait moyen de leur faire passer un mauvais quart d'heure; mais, faute de mieux, nous les détestons de toute notre âme, et surtout le petit. Oh! là-dessus, je suis tout à fait comme mon vieil ami Pierre, le petit, je l'exècre, je l'abomine.

MARIE. Monsieur Arthur! Ah! c'est affreux, monsieur, de faire de pareilles suppositions, et vous ne connaissez pas celui que vous accusez.

ANDRÉ. Je ne dis pas, vous avez peut-être raison, et moi, je bats la campagne; mais, fichtre, je n'aime pas ces gens-là, v'là tout. Ce qu'il y a d'intéressant pour nous, aujourd'hui, c'est que le lieutenant Pierre va bien, très-bien, et la frégate aussi, et que tous les deux pourront encore voguer longtemps, l'un portant l'autre.

MARIE. Je l'espère... c'est lui qui sera lieutenant à bord de *la Méduse*, et qui commandera en second l'expédition qui se prépare.

ANDRÉ. Nous filons du câble aujourd'hui : à dix heures précises du matin, la flotte partira de la rade de l'île d'Aix; et dès à présent, il faut que nous songions tous à rejoindre dans les chaloupes. Adieu la patrie et les amis! en route pour le Sénégal. Dans quelques jours, plus rien que le ciel et la mer; le bischoff et la côtelette feront place au biscuit de mer et à la bonne eau claire; au lieu de jolies filles comme vous, mamselle Marie, on ne saluera plus au passage que des requins, des baleines et des marsouins... fichus physiques, sans parler du moral.

MARIE. Ici, nous penserons souvent à vous.

ANDRÉ. A lui, surtout, n'est-ce pas? notre brave Pierre?

MARIE. Sans doute, André, vous veillerez toujours sur lui, n'est-ce pas?

ANDRÉ. Toujours : vous avez vu comme il est aimé et comme toute la marine de Rochefort, à part les nouveaux, a compati à son infortune; sa mère était ruinée par suite de cette longue maladie et de l'arriéré de solde de Pierre, que l'empereur avait négligé de payer dans les derniers temps, à cause que ses affaires avec la Russie lui avaient fait oublier de régler son petit compte. Eh bien, tout le monde a voulu faire une *suscription*, comme ils disent, et chacun y a mis du sien, les officiers et mesdames leurs épouses, les matelots et les matelottes.

MARIE. Et quelqu'un qui ne s'est pas nommé, et qui a donné à lui seul plus que tous les autres.

ANDRÉ. Quelqu'un!... connu!... il l'a avoué... ce matin même, ou du moins, il n'a dit ni oui ni non... alors, nous avons deviné que c'était lui...

MARIE. Comment! et qui donc?

ANDRÉ. Le maître d'équipage, mon ancien matelot, Mathieu Louchard.

MARIE. Monsieur Mathieu Louchard!

ANDRÉ. Lui, que madame Geneviève avait si maltraité quand il eut la bêtise de demander à être votre mari. Eh bien, c'est lui qui a fait le bienfait anonyme... voilà un beau trait. Enfin, nous sommes tous ses amis maintenant, et à sa place, c'est les officiers blancs que nous avons pris en grippe.

MARIE. Encore!... oh! ces préventions sont trop cruelles, et il faut bien qu'enfin je fasse connaître la vérité.

ANDRÉ. La vérité! plaît-il?

MARIE. Je sais tout, moi; car j'étais là, j'ai surpris la personne qui venait, en l'absence de madame Geneviève, placer sur la liste de souscription un portefeuille, qui devait suffire à lui seul pour payer tous les frais de la maladie et pour relever cette auberge. Je l'ai vu, et il m'a supplié de me taire. Mais puisque c'est lui, toujours lui et les siens qu'on accuse, moi, je dois le défendre; moi, je dois vous dire encore, André, que les haines de parti sont injustes et aveugles; je dois vous dire que tel que vous détestez, parce qu'il n'a pas les mêmes opinions que vous, parce qu'il est trop jeune pour avoir combattu au service de la France, n'a pas le cœur moins loyal et moins généreux que le vôtre; je dois vous dire...

ARTHUR, *paraissant au fond, suivi d'un aspirant de marine.* C'est bien, monsieur, j'attendrai les ordres du commandant.

MARIE. Ah! monsieur Arthur.

SCÈNE II
LES MÊMES, ARTHUR.

ANDRÉ, *bas.* C'est lui, n'est-ce pas? c'est lui! *(Marchant rapidement vers le lieutenant, qui, après avoir quitté l'aspirant, va s'éloigner d'un autre côté, le saluant avec respect.)* Lieutenant, oh! je vous en prie... ne vous éloignez pas sans m'avoir entendu... sans avoir reçu les excuses du pauvre André...

ARTHUR, *entrant dans l'auberge.* Vos excuses!... que voulez-vous dire?

ANDRÉ. Oui, pardonnez-moi... je suis un misérable qui vous a mal jugé, qui vous a méconnu; je faisais comme tout le monde... mais fichtre, je vous réponds que tout le monde fera bientôt comme moi... nous aimons notre vieil officier Pierre; mais nous aimerons et nous adorerons aussi celui qui lui a fait du bien, celui qui a contribué avec nous à lui sauver la vie, celui... oh! je vous en supplie, lieutenant, dites-moi donc que vous me pardonnez...

ARTHUR, *lui tendant la main, et se retournant vers Marie.* Mademoiselle, vous ne m'avez pas tenu votre parole.

MARIE. Et le pouvais-je, lorsque je voyais la haine vous qu'on portait ici... après ce que vous avez fait pour mon ami... pour mon frère?

ARTHUR. Plus bas! au nom du ciel, plus bas!... car lui, du moins, ne doit jamais le savoir... Lorsque chacun de vous apportait le denier du pauvre à la mère de votre chef malheureux, Pierre l'a toujours ignoré... Qui sait s'il n'eût pas rougi même des secours de ses amis?... que serait-ce, s'il apprenait qu'un ennemi (car je suis le sien, ne l'a-t-il pas dit?) a été assez heureux pour lui être utile?... Oh! vous ne voudriez pas m'affliger, n'est-ce pas, mademoiselle? Et toi, qui viens de me témoigner un peu d'estime et d'amitié, je vous le demande en grâce, que ce secret soit mort entre nous trois. *(Tous deux lui tendent la main comme pour lui faire cette promesse.)* Je n'ai rien fait d'ailleurs qui ne soit effacé par la conduite, par les sacrifices du dernier de vos matelots... et puis, vous le dirai-je, je me sentais porté malgré moi vers cette femme et cet officier qui m'avaient repoussé, chassé de chez eux, pour ainsi dire, le jour de mon arrivée à Rochefort... un instant, j'avais juré de me venger.

MARIE. Vous venger!...

ARTHUR. Puis, quand je l'ai vu, cet homme, renversé, baigné dans son sang, quand j'ai vu le désespoir de sa mère... il m'a semblé que j'étais frappé moi-même de toutes les douleurs qui les accablaient, et j'ai trouvé du plaisir à faire un peu de bien à celui dont les outrages m'avaient fait beaucoup de mal... Maintenant, il est sauvé, et nous sommes, comme par le passé, étrangers l'un à l'autre... notre haine est éteinte, je l'espère, puisque nous devons cesser de nous voir... Désormais, c'est lui qui est plus heureux que moi; il part, et je reste; il part, et vous qui l'aimez, mademoiselle, vous, sa fiancée, m'a-t-on dit, vous allez le suivre, sans doute...

MARIE. Le suivre!

ANDRÉ, *à part.* Au fait, si ça se pouvait...

ARTHUR. Tandis que moi... ceux qui me protégent sont un peu de l'avis de monsieur Pierre... Ils ne m'ont pas jugé digne de faire partie de cette expédition... il me faut attendre ici l'arrivée de mon père, dont l'ardente sollicitude m'a fait obtenir, au sortir de l'école de marine, ces épaulettes que Pierre m'a reprochées, lui, et que je n'ai pas encore méritées, cette épée, dont l'inaction me fait rougir, cette épée, qui bientôt peut-être recevra son baptême de sang dans mon propre cœur, ou dans celui d'un railleur insolent.

MARIE. Mais pourquoi, mon Dieu! pourquoi?

ARTHUR. Parce que je ne suis ni impudent ni lâche, et qu'il y a là une mesure déjà pleine, que fera bientôt déborder la première insulte ou le premier désespoir... parce qu'il n'y a plus pour moi, qui viens si tard, ni guerre, ni combats, et que, lorsqu'il va partir, lui, à bord de *la Méduse*, lorsqu'il aura encore à courir des dangers, et peut-être de la gloire à obtenir! moi, je reste inactif! Voilà les faveurs dont on m'accable, et qui me font tant de jaloux!... On m'a nommé officier de marine, et l'on ne veut pas même que je fasse l'apprentissage de ma profession!... on m'enchaîne à terre, moi, qui sens trop bien, depuis mon enfance, qu'il y a du sang de marin dans mes veines! Enfin, on me confie la garde des forçats de Rochefort, à moi, jeune, et qui réclame une occasion de me distinguer à mon tour; à moi qui donnerais toute ma fortune pour un danger, mes titres et mon grade pour une seule bataille, et ma vie, ma vie toute entière pour un seul jour de gloire.

ANDRÉ. Brave jeune homme! ah! vous étiez digne de mourir à l'abordage.

ARTHUR. Vous avez lu dans mon cœur, mes amis, et vous savez à présent que, s'il en est qui me portent envie, je suis à mon tour jaloux de leur sort... s'il en est qui souffrent et qui se plaignent, ils sont encore moins malheureux que moi... Adieu, mademoiselle, je ne vous reverrai pas sans doute... Soyez heureuse!... adieu!... Ta main, mon brave!

(Il sort d'un côté, entre de l'autre Mathieu Louchard, qui l'observe en souriant, puis regarde les deux autres avec le même air d'ironie.)

SCÈNE III

MARIE, ANDRÉ, MATHIEU, au fond.

MARIE. Pauvre jeune homme... ce qu'il dit est vrai...

ANDRÉ. Supérieurement vrai!... Quel dommage qu'il soit venu une dix-huitaine d'années trop tard, et qu'il n'ait pas eu l'avantage de perdre une jambe ou un œil dans un combat naval!

MARIE. Vous convenez enfin qu'on est bien injuste envers lui?

ANDRÉ. A qui le dites-vous?... moi qui l'exécrais tout à l'heure.

MARIE. Et madame Geneviève, si bonne d'ordinaire, semble toujours trembler de colère à son approche... Mais pourquoi lui en veut-elle?

ANDRÉ. Oui, le motif!... on demande le motif.

MATHIEU, s'avançant. Le motif!... je vais vous vous le dire.

MARIE. Ah! monsieur Mathieu!

ANDRÉ. Tu étais là, toi?

MATHIEU. J'arrivais, et je ne suis pas fâché de vous être bon à quelque chose... Madame Geneviève n'a qu'un rêve, une idée fixe, le mariage de son fils avec vous, mademoiselle Marie, et son plus grand ennemi, c'est toujours celui qui lui paraît un obstacle à cette union... Voilà pourquoi elle déteste aujourd'hui monsieur le chevalier Arthur, autant qu'elle me détestait il y a un an, lorsque je vous ai demandée en mariage.

MARIE. Mais je ne vous comprends pas.

ANDRÉ. Ni moi non plus.

MATHIEU. Il lui a été facile de voir que je n'étais pas pour Pierre un rival bien dangereux; aussi, elle ne songe plus à moi... mais pour monsieur Arthur, c'est différent, il vous aime.

MARIE. Il m'aime!

ANDRÉ. Ah! mon Dieu, qu'est-ce que tu dis là, toi?

MATHIEU. Et de plus, vous l'aimez aussi, mademoiselle.

ANDRÉ. Serait-il possible!

MARIE. Moi, je l'aime!... André, ne le croyez pas; je vous jure...

MATHIEU. Ne jurez pas, ça porte malheur!... vous l'aimez sans vous en douter, peut-être; mais je m'y connais, moi, et j'en suis sûr, et madame Geneviève, qui s'y connaît aussi, en a peur... Du jour même où vous avez vu monsieur Arthur pour la première fois, où vous lui avez donné, sans consulter personne, la chambre destinée à Pierre, la bonne vieille a tremblé pour les amours de son fils; elle a oublié ça pendant les premiers mois de sa maladie, mais ça lui est revenu depuis la convalescence... On a vu le jeune homme rôder souvent du côté de cette auberge, on a voulu savoir ce qu'il venait y chercher; et l'on s'est assuré qu'il n'y parlait jamais qu'à une seule personne... ce n'était ni le fils ni la mère, c'était la fiancée... on a remarqué que la jeune fille était triste, rêveuse, toutes les fois que l'officier venait ou s'éloignait d'elle... on a remarqué enfin mille autres choses... innocentes, parfaitement innocentes... Monsieur Arthur est un bon jeune homme, et mademoiselle Marie est la vertu même; mais c'est égal, ils sont tous deux du même âge. Elle est jolie, il n'est pas trop mal, on ne peut pas s'empêcher de dire que c'est dangereux, c'est très-dangereux.

ANDRÉ. Au fait, sais-tu que tu me fais peur, Louchard? Pauvre Pierre, je le connais, il vous aime tant, mamselle Marie!... Savez-vous bien que ne pas le payer de retour ce serait le tuer?

MARIE. Le tuer! Pierre, mon bienfaiteur!... pour prix de tant de soins et de tendresse!... le tuer! oh! mais je vous répète, André, que je l'aime, et que je ne l'aime que lui; j'ai pu défendre devant vous celui que tout le monde avait méconnu; j'ai pu être émue, comme vous, à l'instant, lorsqu'il nous a parlé de ses souffrances; mais puisqu'on peut soupçonner que je l'aime, je ne veux plus le revoir, je ne veux plus songer à lui.

MATHIEU. Est-ce que ça se commande, l'amour?

MARIE. Mais pour vous rassurer, quel parti prendre!... que faire?

ANDRÉ. Dame! voilà, quel parti prendre?

MATHIEU. Il y en a bien un, c'est de partir avec Pierre, et sous sa protection, à bord de *la Méduse*.

MARIE. Partir!

ANDRÉ. Pourquoi pas?

MATHIEU. Dame, voyez, ça vous regarde; vous aimez le chevalier Arthur, ou vous aimez Pierre... choisissez.

MARIE, apercevant Pierre qui entre. Le voici. André, je vous prouverai bien que c'est lui que j'aime.

ANDRÉ. Bien, bien, mademoiselle; merci, Louchard.

MATHIEU. Il n'y a pas de quoi... Tu ne peux pas deviner quel plaisir j'aurais à la voir à bord du navire... Au revoir, mon vieux.

(Il sort par le fond.)

SCÈNE IV

ANDRÉ et MARIE, à la gauche du public; GENEVIÈVE et PIERRE, paraissant sur le seuil de la porte, à droite.

ANDRÉ, bas à Marie. Allons, mamselle, faut lui parler tout de suite.

MARIE. Oui, oui, André, je vais le faire.

GENEVIÈVE, à Pierre. La voici; allons, du courage, mon fils, il faut lui parler à l'instant.

PIERRE. Oui, ma mère, oui, à l'instant.

ANDRÉ, à Marie. Eh bien, vous avez l'air de grelotter.

MARIE, à part. C'est que je pense à son chagrin, si j'en aimais un autre.

GENEVIÈVE. Voyons donc, Pierre, tu sembles tout tremblant.

PIERRE. Dame, ma bonne mère, c'est que je n'ai pas l'habitude de parler d'amour... et commencer à mon âge...

GENEVIÈVE. Va donc, il le faut; avant ton départ, il faut qu'elle apprenne de toi-même que tu dois être son mari.

PIERRE. Vous croyez?

GENEVIÈVE. Oui, oui; va donc, va donc.

ANDRÉ, à Marie. Allez ferme, ça lui fera fichtrement du plaisir.

MARIE. Vous pensez?

ANDRÉ. Oh! oui, oh! oui.

GENEVIÈVE, poussant Pierre. Du courage!

ANDRÉ, poussant Marie. Ferme donc! ferme donc! et de l'hardiesse!

(Pierre et Marie se trouvent tout près l'un de l'autre et se prennent la main.)

MARIE. Pierre!

PIERRE. Chère Marie!

ANDRÉ. Fameux! les y voilà.

GENEVIÈVE, à part. Je me trompais, il n'y a personne au monde qu'elle puisse préférer à mon fils.

(André et Geneviève se trouvent nez à nez et se regardent.)

ANDRÉ. Mère Geneviève, y fait bigrement beau temps, si le cœur vous dit d'un bout de promenade, je vous offre mon bras.

(Ils sortent ensemble en faisant des signes, l'un à Marie, l'autre à Pierre.)

SCÈNE V

PIERRE, MARIE.

PIERRE, à part. A présent, que nous sommes seuls, je suis encore plus embarrassé qu'avant.

MARIE. Je n'ose pas lui parler. (Moment de silence, puis ils disent ensemble:) Pierre, je voulais...

PIERRE. Marie, j'avais espéré.

MARIE. Qu'avez-vous à me dire, mon ami?

PIERRE. Toi-même, qu'as-tu donc à m'apprendre?

MARIE. Vous d'abord: car je vous ai interrompu.

PIERRE. Non, toi la première, car tu avais commencé à me parler.

MARIE. C'est que vous allez partir.

PIERRE. Oui, et avant, je voudrais être bien sûr, à mon retour, de te trouver toujours auprès de ma mère, et toujours n'ayant avec elle qu'une seule pensée.

MARIE. Une seule... vous, mon ami.

PIERRE. Moi! ah! s'il était vrai, bien vrai, Marie...

MARIE. En doutez-vous?

PIERRE. Non, non, je serais trop malheureux. Depuis longtemps tu le sais par ma mère, et il faut bien que je te dise à mon tour, moi, quoi qu'il m'en coûte, quoique auprès de toi, à l'instant de le dire, je tremble comme un enfant. je vous... je t... eh bien! oui, je t'aime, Marie, comme autrefois j'aimais la gloire; je t'aime autant que ma mère et ma patrie. Tu es une brave et digne fille, et dès que tu as connu les projets qu'on avait formés sur toi, tu as accepté cette destinée; tu as consenti à être la femme du vieux soldat, mais ce titre, tu ne le portes pas encore, et je vais te quitter... et je me connais, moi; je sais que ce front qui grisonne et cette brusquerie, cette rudesse de caractère que toi seule pourrais vaincre, doivent laisser des souvenirs peu séduisants au cœur d'une jeune fille, et si en mon absence un autre... mieux vaudrait pour moi, vois-tu, qu'en tombant du haut de ce navire je me fusse brisé la tête.

MARIE. Ah! mon ami, calmez-vous, je vous en conjure. Il est un moyen, un moyen certain de rassurer votre tendresse: Pierre, emmenez-moi avec vous.

PIERRE. T'emmener! que dis-tu?

MARIE. Ne dois-je pas être votre femme?

eh bien! je veux dès à présent partager tous vos périls, toute votre destinée.

PIERRE. Toi qui jusqu'à ce jour as témoigné 'ant de frayeur pour le moindre voyage sur mer?...

MARIE. Je ne tremble plus, je veux partir, partir avec vous. Pierre : si le ciel me réserve quelque péril, vous serez là, toujours là, pour le conjurer; près de vous, je me sentirai plus forte, et j'aurai du courage pour combattre et surmonter ma frayeur... (à part.) et mon amour.

PIERRE. L'ai-je bien entendu? Tu veux me suivre, partir avec moi, Marie! chère Marie! c'est trop de bonheur, oh! oui, trop de bonheur! et l'égoïsme allait me faire oublier les serments que j'ai faits à ton père.

MARIE. Vos serments! que dites-vous?

PIERRE. Le jour où je l'ai vu, lui, de fatales circonstances l'avaient forcé à exposer ta vie à bord d'un navire... et moi, cette vie sur laquelle je me suis chargé de veiller à sa place, je l'exposerais à mon tour sans motif, sans que rien n'y contraigne! oh! ce serait commettre un parjure... je ne le dois pas, je ne le veux pas.

MARIE. Mais écoutez-moi, de grâce!

PIERRE. Non, non, plus un mot, tu vaincrais peut-être cette volonté que moi-même je suis trop prêt à combattre. Ce que tu me demandes, Marie, m'a donné du bonheur pour tout le temps de mon absence; maintenant reçois mon dernier, adieu avec ce baiser; mais, par grâce, par pitié, que je ne te revoie plus avant mon départ, mon courage faiblirait peut-être, et, encore une fois, je ne veux pas être parjure... Dieu et ton père me regardent! Adieu! adieu!

(Il sort par le fond.)

SCÈNE VI
MARIE puis ANDRÉ et MATHIEU LOUCHARD.

MARIE. Il a refusé de m'entendre; et pourtant je vois trop. je comprends trop bien maintenant que cet homme, cet ennemi de Pierre a dit la vérité; je vois qu'il a deviné ce qui se passait dans mon âme, ce dont je voulais douter encore... Mon Dieu, mon Dieu, il n'y a plus que toi maintenant qui puisses me sauver de moi-même.

ANDRÉ, rentrant avec Mathieu Louchard. J'ai laissé Pierre avec madame Geneviève; il était transporté de joie, ainsi je ne doute pas... ah! la voilà! Eh bien! mademoiselle?

MATHIEU, à Marie. Il a consenti?

MARIE. Il a refusé.

MATHIEU. Refusé!

MARIE. Oh! il était bien ému, et son courage était près de faiblir, mais il s'est rappelé un serment qu'il avait fait autrefois à mon père... alors il m'a fait ses adieux en pleurant. Il ne veut pas me revoir avant son départ.

MATHIEU. Il a pleuré! c'est qu'il aurait été heureux, bien heureux de vous avoir près de lui.

MARIE. Sans doute.

MATHIEU. Il comprend les dangers que vous courez ici... et ce serment le retient seul... tandis que si, une fois en mer, il vous trouvait à bord...

ANDRÉ. Oh! fameux! bien trouvé, Louchard; comme c'est arrivé il y a dix-huit mois au capitaine Giraud : à deux journées du port... qu'est-ce qui sort d'une satanée cabine? mame son épouse.

MATHIEU. Oui, pour échapper aux persécutions d'un amant, elle s'était embarquée secrètement, afin de rester toujours auprès de son mari.

ANDRÉ. Comme vous auprès de Pierre.

MATHIEU. Le mari s'emporta d'abord, puis il s'adoucit et finit par remercier sa femme.

ANDRÉ. Toujours comme ferait Pierre.

MATHIEU. Mais le courage vous manquerait peut-être.

MARIE. Le courage!

ANDRÉ. Ah! dame, il en faudrait.

MATHIEU. Ou bien votre amour pour le lieutenant vous enchaînera ici.

MARIE. Mon amour! Ah! si je croyais en effet que ce projet pût s'accomplir...

ANDRÉ. Acceptez-vous? Eh bien, je me charge de l'affaire.

MATHIEU. Toi! à merveille; il faudrait...

ANDRÉ. Rien du tout; c'est moi qui avais emmené à bord la femme du capitaine Giraud, je connais les moyens.

MATHIEU. Seulement que j'écrive quelques lignes à la bonne Geneviève, à ma mère... qu'elle ne m'accuse pas d'ingratitude.

(Mathieu lui offre une plume et du papier; elle s'assied et écrit avec beaucoup d'agitation.)

MATHIEU. Je me charge de la lettre; maintenant partez avec André, il vous portera à bord tout ce qui vous sera nécessaire.

ANDRÉ. Et je saurai bien, aussi longtemps qu'il le faudra, vous dérober aux regards de tout l'équipage. Allons, en route; dans un instant il serait trop tard.

MARIE. Oui. partons... C'est une enfant qui va se mettre sous la protection de son père.

(Elle sort avec André par la gauche.)

SCÈNE VII
MATHIEU, seul.

Partez, partez, et que ma bonne étoile vous conduise! Pars, jeune imprudente! sous la garde d'un vieillard mille fois plus imprudent que toi-même. Ah! ah! pauvres sots que les honnêtes gens! en vérité, il y a trop peu de mérite à se jouer d'eux... Oui, c'est bien pour le lieutenant de la Méduse que cette jeune fille est conduite à bord; mais ils ne savent pas que bientôt, tout à l'heure, ce lieutenant, ce sera moi... oui, moi, on me l'a promis; moi, qui plus adroit et plus souple que tant d'autres, ai su me ployer aux exigences d'un nouveau règne et d'une nouvelle bannière... moi qui ai su profiter habilement des fautes de mon ennemi, des paroles séditieuses proférées par les siens et par lui le jour où l'on fêtait le bâtiment. Mon brave ennemi Pierre, ce jour-là vous avez occupé une place que j'avais désirée, moi... aujourd'hui, à moi cette place et votre fiancée... Ainsi je marche au travers de tout ce monde qui ne demanderait pas mieux que de s'aimer et de s'entendre... je marche avec bonheur, moi qui les déteste tous, et je les mets en guerre les uns contre les autres, officiers et soldats, bonapartistes et royalistes, profitant de tout, arrivant par le malheur et les querelles de tous à mon but et à ma fortune. Ah! déjà les matelots et les soldats de marine... Allons, c'est l'expédition qui se prépare, c'est mon grade qui m'arrive.

(A l'extérieur, on voit sur les bords du fleuve des matelots et des soldats de marine.)

SCÈNE VIII
MATHIEU, PIERRE, GENEVIÈVE. UN COMMANDANT DE VAISSEAU, ARTHUR et D'AUTRES OFFICIERS, MATELOTS, etc.

PIERRE, rentrant par le fond avec Geneviève. Allons, ma mère, depuis longtemps n'êtes-vous pas résignée à cette nouvelle séparation? il le faut.

(Roulement de tambour à l'entrée de l'état-major.)

MATHIEU. Ah! enfin! il était temps.

LE COMMANDANT. Que les chaloupes partent sur-le-champ, et se dirigent sur la rade de l'île d'Aix.

PIERRE. C'est bien, commandant; je vais ordonner.

LE COMMANDANT. Non, restez. Lieutenant Arthur de Marsay, faites la lecture de ces dépêches.

PIERRE. Qu'est-ce donc?

ARTHUR, lisant. « Par ordre supérieur, le » lieutenant Pierre cesse dès aujourd'hui » d'être en activité de service. »

PIERRE, tombe sur une chaise, avec désespoir. Ah! ma mère!

GENEVIÈVE. Mon pauvre enfant!

MATHIEU, à part. Bien, bien!

ARTHUR, à part. Une dénonciation! infamie!

MATHIEU, à part. Maintenant ma nomination.

ARTHUR, lisant bas. « Le lieutenant Pierre » perd à jamais le droit de faire partie de » la marine royale. » (Au commandant.) Oh! je ne lirai pas cela, monsieur... dispensez-moi.

LE COMMANDANT. Soit; lisez ce qui suit.

PIERRE, montrant Arthur. Oh! oui, ma mère, c'est lui, ce doit être ce misérable qui m'a perdu.

ARTHUR, lisant haut. « Le commandement en second de la Méduse est confié... au chevalier Arthur de Marsay. » Qu'ai-je lu! serait-il possible!

MATHIEU, à part. Hein? plaît-il?

GENEVIÈVE. A lui!

PIERRE. Vous le voyez, ma mère! Ah! c'est une atroce perfidie.

ARTHUR, à part. Enfin, à moi des dangers, de la gloire peut-être! (Regardant Pierre.) Mais lui! lui! ce brave officier, dont je vais prendre la place... Ah! je n'ose plus être heureux.

LE COMMANDANT. Achevez donc, monsieur; l'heure s'avance.

ARTHUR, continuant. « Le maître d'équipage » Mathieu Louchard touchera sur la caisse » de la trésorerie une somme de deux mille » francs en récompense de ses bons ser» vices, et sera de plus chargé de l'enrôle» ment des matelots qui voudront s'engager » dans la marine royale. »

LE COMMANDANT. Lieutenant, donnez des ordres pour que le reste de l'équipage gagne à l'instant le navire. Maître, vous garderez une chaloupe pour amener les nouvelles recrues.

ARTHUR, à part. Pauvre Pierre! comme il doit me haïr... Et que n'ai-je le pouvoir, moi, de lui rendre ses épaulettes, dût-on m'enlever les miennes jusqu'au moment où j'aurai prouvé que j'en suis digne!

LE COMMANDANT. Lieutenant, et vous, messieurs, suivez-moi.

(Sortie générale.)

SCÈNE IX
MATHIEU LOUCHARD, PIERRE, GENEVIÈVE.

MATHIEU, à part. Ce n'est pas moi qu'ils ont nommé... et je ne suis parvenu qu'à jeter Marie dans les bras du chevalier de Marsay!... Oh! mais j'oubliais.. cette lettre qu'elle m'a laissée... (Il la parcourt.)

PIERRE. Eh bien! ma mère, vous déploriez tout à l'heure de me voir partir... je reste... et je suis heureux... bien heureux de rester auprès de vous, auprès de Marie, auprès de ma femme... Marie... mais où est-elle donc?... Pourquoi, lorsque je souffre, n'est-elle pas là, comme vous, pour me consoler?

MATHIEU, s'avançant. Marie... elle est partie.

PIERRE et GENEVIÈVE. Partie!...

MATHIEU. Dans ce moment, elle est à bord de la Méduse; elle y attend celui qu'elle aime.

PIERRE et GENEVIÈVE. Celui qu'elle aime!...

MATHIEU. Ton rival, entends-tu, Pierre! ton rival de gloire et d'amour... celui qui t'enlève ton grade et celui qui t'enlève ta prétendue!

PIERRE. Ah! tu mens, tu mens, infâme!... et tu me rendras raison de cette horrible imposture!

MATHIEU. Tiens, vois si j'ai menti.

PIERRE. Une lettre d'elle! Pour vous, ma mère.

GENEVIÈVE. Pour moi?...

PIERRE. Attendez... attendez... (Il lit.) « A-dieu, ma mère! pardonnez-moi si je pars sans vous avoir embrassée ; mais il le fallait... Pardonnez-moi ; je l'aime... je l'aime trop pour consentir à me séparer de lui. »

MATHIEU. De lui, qui était d'accord avec elle... lui qui lui avait dit à l'avance qu'on devait lui confier le commandement du navire... Et c'est pour cela que tantôt elle te suppliait, Pierre, de consentir à son départ.

PIERRE. Ah ! pas un mot de plus... Ta barque, où est-elle ?...Je m'engage comme matelot.. ta barque, à l'instant !...

MATHIEU. Pourquoi ?

PIERRE. Pour aller me venger, pour aller le punir, lui !

GENEVIÈVE. Que dis-tu, mon fi's ?

PIERRE. Loin de moi, loin de moi cet uniforme que j'ai couvert de quelque éclat, et qu'ils m'ont défendu de porter !... (Prenant une veste de matelot accrochée à la muraille.) À moi, ma mère, à moi la veste de matelot que portait jadis Jacques le pilote, Jacques le pilote, mon père, qui m'a appris qu'à un homme de cœur il faut du sang pour laver une injure !

GENEVIÈVE. Du sang !

PIERRE. Oui, le sien ! le sien !... De tous mes insignes d'officier de marine, je ne garde que ce poignard !...

GENEVIÈVE. Ce poignard !

MATHIEU. Me voilà prêt... partons !

GENEVIÈVE. Ah ! mon fils... arrête, je t'en conjure... Pitié, pitié pour moi !

PIERRE. Ma mère !.

GENEVIÈVE. Il faut bien qu'une pauvre femme comme moi ne reste pas seule au monde ; il faut bien qu'il y ait là quelqu'un pour lui fermer les yeux... Pierre, oublie, il le faut, oublie une ingrate qui t'abandonne... après tout ce que tu as fait pour elle !... après que nous lui avons donné la place de ce ce pauvre Marcel !... après que tu lui as servi de père !

PIERRE. De père !... oui, vous avez raison, et c'est pour cela même que je veux, que je dois partir... Ce n'est plus un fils, un époux outragé, c'est un père.. un père qui va demander compte à cet infâme de la séduction, du déshonneur de sa fille !

MATHIEU. Partons !... partons !

PIERRE. Adieu, adieu, ma mère !... Arthur, malheur à toi !

(Il sort avec Mathieu. Geneviève est à genoux.)

ACTE QUATRIÈME

LE NAUFRAGE

L'action se passe sur un pont de vaisseau. Vue prise de l'arrière.

SCÈNE PREMIÈRE

LE PARISIEN, GRAINDESEL, JEAN, MATELOTS, MOUSSES.

(Au lever du rideau, les matelots et les mousses sont diversement groupés autour du grand mât.)

GRAINDESEL. Eh ! dis donc, Parisien, si tu nous chantais la ronde du matelot ?

LE PARISIEN. Volontiers, les enfants, volontiers ; je vas vous conter de ma voix mélodieuse une petite histoire de marine qui a été mise en chanson sur une air nouvelle par un aspirant de seconde classe. Ça vous prouvera comme quoi ça porte bonheur de naviguer, et qu'à la fin de notre expédition, si nous ne laissons pas notre peau dans le garde-manger aux requins, nous trouverons sur le plancher des vaches notre fortune toute faite, et les alouettes toutes rôties. C'est la morale de la chanson. Écoutez plutôt !

TOUS. Écoutons, écoutons.

(Ils se groupent autour du Parisien ; André seul reste éloigné d'eux, appuyé sur une pièce de canon, et semble rêver profondément.)

PARISIEN.

Air *nouveau de M. Adolphe Vaillard, chef d'orchestre des Folies-Dramatiques.*

Il était un matelot
Qui partait pour le Congo.

CHŒUR.

Il était, etc.

PARISIEN.

A terre il avait laissé
Son tendre objet (*bis*),
Margot, Margot, femme adorée :
Et vous allez voir comment
Le bien vient en naviguant.

CHŒUR.

Et vous allez voir, etc.

PARISIEN.

Le jour qu'à la voile il mit,
Faut-il partir ? qu'il lui dit...

CHŒUR.

Le jour qu'à la voile, etc.

PARISIEN.

Sans t'laisser à mon départ,
Un p'tit moutard (*bis*).
Qu'ait ma tournure et mon regard,
Qui m'rappelle à sa maman,
Si j' trépasse en naviguant !

CHŒUR.

Qui m' rappelle, etc.

PARISIEN.

Margot répond : Beau mat'lot,
Pars bien vit' pour le Congo.

CHŒUR.

Margot répond, etc.

PARISIEN.

Va gagner l'or du Pérou ;
Adieu, bijou (*bis*).
Au retour tu s'ras mon époux,
Tu s'ras l' pèr' de mes enfants.
Le bien vient en naviguant.

CHŒUR.

Tu s'ras l' pèr', etc.

PARISIEN.

La belle attendit trois ans,
Il revint en lui disant :

CHŒUR.

La belle, etc.

PARISIEN.

Me revoilà, Margoton,
Embrass'-moi donc (*bis*),
Et plus de navigation,
Car j' n'ai pas un sou vaillant,
L' bien n' vient pas en naviguant.

CHŒUR.

Car j' n'ai pas, etc.

PARISIEN.

Mais réponds-moi donc, Margot ..
Qu'est-c'que c'est qu'ce deux marmots ?

CHŒUR.

Mais réponds-moi, etc.

PARISIEN.

La belle lui dit : Pour ta part,
A ton départ (*bis*),
Tu ne voulais qu'un p'tit moutard ;
En v'là deux, mon cher amant ;
Le bien vient en naviguant.

CHŒUR.

En v'là deux, etc.

(Au théâtre, on supprime le quatrième couplet de cette chanson. Dans les villes de province où l'on n'aura pu se procurer le joli air de M. *Adolphe Vaillard*, on le remplacera pas celui de : *C'était un conscrit d' Corbeil*, du répertoire du théâtre des Variétés.)

LE PARISIEN. Ah çà ! les enfants, v'là le jour qui baisse... à demain la crème des farces ; demain, c'est notre mardi gras, à nous autres marins ; car, au dire du maître pilote, nous passons la ligne, et nous administrons à tout un chacun des *nouvel* embarqués la cérémonie du baptême.

SCÈNE II

LES MÊMES, DANIEL.

DANIEL, paraissant sur le pont ; il est pâle et marche avec peine, comme s'il avait le mal de mer. Un baptême !... qui donc c' qu'on va baptiser ?

TOUS. Ah ! ah ! v'là le Champenois...

GRAINDESEL, criant avec les autres. Ah ! ah ! ah ! regardez donc comme il est pâle !

JEAN. Il ne se fait pas au métier ; il n'a pas encore le pied marin.

LE PARISIEN. Eh bien ! mon élève, est-ce que ça ne va pas ? est-ce que nous avons encore besoin des soins du docteur ?

DANIEL. Du tout, du tout .. attendez un peu... ça va... ça va très-bien . seulement... oh ! c'est singulier, le drôle d'effet que ça me fait ! j'ai comme qui dirait des éblouissements... des étourdissements... il me semble que je vois tout pirouetter autour de moi... et puis au moment où je commence à me remettre, où je me figure que je suis bien solide sur mes jambes... (Il en bute et va tomber auprès du grand mât.) C'est égal, sacristi ! j'étais né pour la marine.

(Tous, riant aux éclats, le ramassent et viennent le faire asseoir.)

JEAN. Allons allons, reviens à toi, mon garçon... v'là l' roulis qui s'apaise, et il n'y a plus de danger.

DANIEL, respirant. Ah !... mais qu'est-ce que vous disiez donc ? Vous parliez de baptême, n'est-ce pas ?

LE PARISIEN. Oui, Champenois, le baptême du bonhomme Tropique... il ne te manque plus que ça pour être bon matelot.

DANIEL. Est-ce qu'il faudra encore abouler des écus de six livres ?

LE PARISIEN. Tant plus que t'en auras, tant plus que tu voudras en aveindre, tant plus que le père la Ligne en acceptera.

DANIEL. Et pour mon argent, qu'est-ce qu'il me donnera ?

LE PARISIEN. Le baptême.

JEAN. Un petit verre d'eau sur la tête.

GRAINDESEL. C'est moi qui m'en charge, sois tranquille.

DANIEL. Un petit verre d'eau ?

LE PARISIEN. Un tout petit, pas davantage. Cric !

TOUS. Crac !

DANIEL, se levant et tapant sur le ventre du Parisien. Ah ! satané de farceur de Parisien, avec tes cric-crac !

LE PARISIEN. Hein ! qu'est-ce que c'est, Champenois ?

DANIEL. Et tes magies ! et tes poules noires et blanches ! M'en as-tu fait assez avaler de toutes les couleurs ?

LE PARISIEN. J'espère bien que ça n'est pas fini, mon élève, et qu'aujourd'hui même...

DANIEL. Non, non, j'en ai assez comme ça ; merci, Parisien, merci ; je n'en veux plus...

LE PARISIEN. Plaît-il ? je crois que le Champenois commence à se dégourdir.

DANIEL. Un peu, mon fiston ! Cric !

TOUS. Crac !

(Il lui frappe encore sur le ventre, et tous les matelots se mettent à rire.)

LE PARISIEN. Prends donc garde, animal.

DANIEL. Je vas t'expliquer ça... je suis à sec... tous les écus de six livres... disparus...

LE PARISIEN. Ah ! bah !

DANIEL. Plus personne... alors tu comprends... j'ai assez dépensé pour n'être plus un jobard, pour être déluré et dégourdi, comme tu dis... (Ici le mal de mer commence à le reprendre. On rit ; il se retient, et continue :) Aussi, à part que je chancelle encore de temps en temps comme si j'avais lampé un petit verre de trop, et que j'ai un horrible mal... de tête, je m'habitue à l'état; je deviens marin dans l'âme, je deviens farceur comme toi, Parisien, loustic et blagueur comme toi, sacristi! Cric!

TOUS. Crac!

LE PARISIEN. Voyez-vous! voyez-vous, mon élève; c'est l'effet de la magie.

DANIEL. Juste... elle m'a joliment profité, va, la magie, surtout auprès de ce sexe enchanteur à qui tout rend hommage.

LE PARISIEN. En vérité?... Conte-nous donc un peu ça, Champenois.

(Tout le monde se groupe autour de lui.)

DANIEL. Oh! les femmes! les femmes! Tu avais bien prédit, Parisien : tant plus que j'en ai rencontré sur mon passage, tant plus que j'ai été leur fortuné vainqueur.

LE PARISIEN. C'est l'effet de la magie.

DANIEL. Écoute plutôt : le jour de cette fameuse horoscope, je sais, mon bon Parisien, que tu as partagé bravement mes écus de six livres avec les camarades. Toi, mon petit Graindesel, tu as acheté avec ça une jolie bague à ton objet, Madeleine Bazu... la blonde.

GRAINDESEL. Qu'est-ce qui te l'a dit?

DANIEL. Tiens, v'là la bague.

GRAINDESEL. Comment! elle te l'a donnée?

LE PARISIEN. C'est l'effet de la magie. (Ils rient tous.)

DANIEL. Vous, mon brave monsieur Jean, vous avez donné une épingle d'or à votre adorée, la veuve Thomas... belle brune, sans me flatter.

JEAN. D'où sais-tu ça?

DANIEL, montrant l'épingle à sa chemise. Tiens! regarde, l'ami.

JEAN. Mon épingle, à toi... sacré tonnerre!

LE PARISIEN. C'est l'effet de la magie. Cric!

DANIEL. Enfin, toi, Parisien, tu as fait cadeau d'un très-beau foulard à la grosse Jacqueline... la rouge.

LE PARISIEN. Eh bien?

DANIEL. Eh bien!... reconnais-tu ça, mon maître?

LE PARISIEN. Sacré nom! c'est mon foulard.

DANIEL. C'est l'effet de la magie. Cric!

TOUS. Crac! (Daniel se sauve.)

JEAN. Champenois, tu me le payeras...

GRAINDESEL. Et moi aussi, j'aurai soin de toi au baptême.

LE PARISIEN. Champenois, fais-moi souvenir que je te dois une grandissime ration de calottes.

DANIEL. Enfoncé! le Parisien, enfoncé!

(Il sort en lui faisant des deux mains un geste de dérision. Pendant ce temps, André, qui était de quart à droite, se retourne, et adresse la parole aux matelots qui ont remonté le théâtre pour suivre Daniel.)

SCÈNE III
LES MÊMES, excepté DANIEL.

ANDRÉ. Que le Père éternel vous bénisse!... Vous êtes donc bien heureux, vous autres, pour rire et crier comme vous faites, depuis une heure.

LE PARISIEN. Eh bien! et toi... tu es donc bien malheureux, l'ancien? Depuis que tu es de quart à l'arrière de la frégate, tu es resté là-bas dans ton coin, comme un ours, et sans nous regarder, sans nous dire un mot... Excusez... qu'est-ce que tu as donc?

ANDRÉ. J'ai... j'ai... rien du tout, fichez-moi la paix... c' que j'ai... c' n'est pas votre affaire, c'est la mienne.

JEAN. C'est un peu la nôtre aussi, mon vieux. Vous ne savez pas, vous autres, notre ancien lieutenant est à bord?

TOUS. Pierre!...

ANDRÉ. Veux-tu te taire?...

JEAN. Ah! bah! c'est des amis, c'est des bons... on peut leur confier ça... oui, Pierre, engagé comme matelot par Mathieu Louchard... Pourquoi? Dans quel but?... In-connu... Mais c'est un fait... Vous vous rappelez qu'à un quart environ de la rade de l'île d'Aix, le feu a pris à la cambuse; mais il a été éteint presque sur-le-champ... Par qui?... Par Pierre... et alors, après l'incendie, c'était à qui voudrait embrasser son lieutenant, se jeter à ses genoux. Nous n'étions pas là, nous autres, ni vous, ni moi; c'est p't-être heureux, sacristi!... ça nous aurait menés à une révolte complète contre les officiers blancs... Mathieu Louchard est survenu au moment où ça commençait à devenir sérieux... et c'est alors qu'il a fait mettre aux fers huit ou dix matelots pour quinze jours... aujourd'hui le quatrième.

GRAINDESEL. Et notre brave lieutenant...?

ANDRÉ. Aux fers comme les autres... seulement il avait trouvé le moyen de glisser quelques mots à l'oreille d'un soldat de marine, qui est venu nous les redire de sa part, à Jean et à moi... Il nous recommande à tous... écoutez bien, camarades; il recommande à ses amis, à ses frères (c'est comme ça qu'il nous appelle), de ne plus voir en lui qu'un matelot, rien qu'un simple matelot comme nous tous, et d'obéir sans murmurer à nos chefs d'à présent, comme nous lui avons toujours obéi à lui-même... Il faut ça, qu'il a ajouté, pour conserver la vieille gloire de notre marine, et puis aussi pour la sûreté de la frégate, qui court des dangers, à ce qu'il paraît... lesquels, je n'en sais rien... enfin, c'est convenu, n'est-ce pas? on obéira.

TOUS, à voix basse et avec un sentiment de regret. Oui, on obéira.

LE PARISIEN. Sans murmurer, mais en crevant dans sa peau.

JEAN. Silence! v'là l' maître d'équipage!...

GRAINDESEL. Monsieur Mathieu Louchard...

LE PARISIEN. Tu te trompes de nom, gamin, c'est monsieur Mathieu... Mouchard.

GRAINDESEL. Comme il nous regarde!... Est-ce qu'il va faire un rapport sur nous?

JEAN. Ses rapports!... j' m'en fiche!

LE PARISIEN. Et moi, j' m'en contrefiche!

(Il se trouve presque nez à nez avec Mathieu Louchard, et se remet à fredonner d'un air indifférent le refrain qu'il chantait au lever du rideau.)

En v'là deux, mon cher amant,
Le bien vient en naviguant.

(Tous les matelots répètent ce refrain en s'éloignant. André seul est resté. Il a brusquement tourné le dos à l'aspect de Louchard, et il est allé se replacer à son poste.)

SCÈNE IV
ANDRÉ, MATHIEU LOUCHARD.
(On ne voit plus à l'arrière de la frégate que Mathieu Louchard et André, qui est assis au fond sur un canon et fume.)

MATHIEU, à part, en regardant André. A merveille! ils me laissent seul avec lui... c'est ce que je voulais. D'abord, en consentant à conduire Pierre à bord de *la Méduse*, je ne songeais qu'à mettre les deux rivaux aux prises l'un avec l'autre, et à me venger du moins de tous les deux, puisque Marie ne pouvait être à moi... Le hasard m'a mieux servi que je ne pouvais l'espérer. Le lieutenant de Marsay est occupé dans la chambre du conseil; Pierre est prisonnier... Plus tard, quand il le faudra, je les mettrai en présence... maintenant, ils me laissent le champ libre; j'en profiterai. (Montrant André.) Il n'y a plus que lui, lui seul qui puisse mettre obstacle à mon projet... Essayons... un peu d'eau-de-vie et quelques gouttes d'opium, mêlés ensemble dans cette gourde, me délivreront de sa surveillance, au moins pour une heure ou deux.

(Il va frapper sur l'épaule d'André.)

ANDRÉ, se retournant et le regardant d'un air de mauvaise humeur. Ah! c'est vous?

MATHIEU. Est-ce que tu ne me tutoies plus?

ANDRÉ. Ma foi, non.

MATHIEU. Pourquoi?

ANDRÉ. Pourquoi? parce que...

MATHIEU. Enfin...?

ANDRÉ. Parce que, d'abord, un matelot ne doit pas tutoyer le maître d'équipage.

MATHIEU. C'est la première fois que tu y songes.

ANDRÉ. Ensuite, parce que vous avez jeté aux fers notre ancien lieutenant et le vôtre, au moment même où il venait de nous sauver tous d'un incendie... Après un trait pareil, on me dirait que vous vous êtes toujours fichu de moi, que vous avez toujours été un traître, et que, moi, je me suis prêté à toutes vos trahisons comme un imbécile... fichtre! je le croirais... voilà, monsieur, voilà pourquoi je ne vous tutoie pas.

(Il lui tourne le dos et s'éloigne.)

MATHIEU, à part. Il a de l'instinct dans ses moments de colère... heureusement ça ne dure pas, et il va me demander pardon tout à l'heure!... (Haut.) Et c'est André, mon pays et mon matelot, celui à qui, depuis vingt-cinq ans, j'ai ouvert toute mon âme, le seul homme de l'équipage dont l'estime me soit chère... c'est celui-là qui me soupçonne et m'accuse de perfidie... Ah! c'est affreux, et voyez comme je tremble! Ce n'est pas de colère, allez, c'est de chagrin.

ANDRÉ, se rapprochant. Hein! qu'est-ce que vous dites?

MATHIEU. Quand j'ai agi tout bonnement, tout franchement, d'après ma conscience, dans le bien, dans l'intérêt de tous...

ANDRÉ. En v'là une sévère! Comment, notre brave lieutenant, prisonnier à bord de la frégate...

MATHIEU. Est-ce ma faute si quelques mauvaises têtes ont voulu se révolter pour votre ami? Moi, en le confondant ainsi avec huit ou dix coupables obscurs et sans même que son nom ait été prononcé devant les officiers, je l'ai empêché de se compromettre davantage, de se perdre... Je lui ai sauvé la vie.

ANDRÉ. Est-il possible?

MATHIEU. Ai-je eu tort, et mérité-je pour cela d'être si cruellement maltraité par le plus ancien de mes amis?

ANDRÉ. C'est vrai! c'est vrai! j'ai été injuste envers vous, envers toi, Louchard, mon bon Louchard! Pardonne-moi.

MATHIEU. Mon cher André! (À part.) Allons donc, jobard, j'en étais sûr. (La nuit est venue tout à fait; mais il fait un demi-clair de lune, ce qui empêche une obscurité complète à bord de la frégate. Mathieu reprend, en allant s'asseoir sur deux cordages auprès du grand mât et emmenant avec lui André.) Tiens! un verre de schnick à notre réconciliation.

(Il tire de sa poche deux petits verres d'étain et verse à boire à André.)

ANDRÉ. Volontiers, mais je ne m'asseois pas; mon poste est là-bas, vois-tu.

MATHIEU. Là-bas ou ici, ou dans tout l'arrière du navire... que diable! je sais bien où il est, ton poste.

ANDRÉ. Celui qu'on m'a donné, c'est vrai; mais celui que je me suis donné, moi, il est seulement où je te disais, aux bastingages, entre la cinquième et la sixième pièce.

MATHIEU. Explique-moi ça.

ANDRÉ. C'est qu'à cette place, vois-tu, mes yeux peuvent être fixés sans cesse sur la chambre de mamselle Marie.

MATHIEU. Ah! ah!

ANDRÉ. Tant que Pierre ne sera pas libre, je réponds d'elle et je veille sur elle.

MATHIEU. Et tu fais bien, mon garçon; à ta santé.

ANDRÉ. A la tienne!... Je suis parvenu à la dérober à tous les regards... je ne me soucie guère que le lieutenant de Marsay, quoique ce soie un brave et honnête jeune homme, soupçonne qu'elle est dans le bâtiment; je me soucie encore moins que les camarades veuillent la faire assister demain matin à la fête du bonhomme Tropique... Je les con-

TOUS. Vive le père la Ligne!

(Des démons viennent se saisir de Daniel, et le placent sur la cuve, qui est recouverte d'une planche.)

DANIEL. Qu'est-ce que vous me voulez, vous autres ?... Allons donc, pas de bêtises... Tiens, on n'est pas mal là-dessus! (On enlève la planche, et il tombe dans la cuve. Daniel, tout inondé, relève la tête.) Ah! que c'est mauvais, cette farce-là, Parisien!... Dieu! que vous êtes bête, père la Ligne!

LE PARISIEN. Silence, Champenois!... Tu fais serment d'être toute ta vie un bon et franc matelot?

DANIEL. Je le jure!

GRAINDESEL, dirigeant sur sa tête la pompe à incendie. Cric!

TOUS. Crac!

(A mesure qu'il prononce un serment, on le replonge dans la cuve, et toutes les fois qu'il relève la tête, la pompe à incendie, dirigée par Graindesel, placé dans les haubans, lui lance de l'eau à la figure, ou bien un matelot placé auprès de lui lui jette un seau d'eau sur la tête.)

LE PARISIEN. Tu jures de supporter en riant et en chantant les bourrasques, les tempêtes, les coups de sabre et les biscaïens, la faim, la soif et toute la sacrée séquelle des tribulations maritimes?

DANIEL. Je le jure!

GRAINDESEL. Cric!

TOUS. Crac!

(Même jeu de scène*.)

LE PARISIEN. Tu fais serment de ne jamais faire la cour ni à la femme ni à la maîtresse d'un matelot?

DANIEL, allongeant tout le corps et une jambe hors de la cuve, et cherchant à s'échapper. J'ai assez juré comme ça, j'n'en joue plus. (On le replonge, et on l'inonde plus fort que jamais.) Eh bien, si, je le jure... Parisien, père la Ligne, tout ce que vous voudrez, sacré père la Ligne, je le jure.

LE PARISIEN. A la bonne heure! te v'là suffisamment baptisé, et avant de passer à un autre, j'ordonne une réjouissance en ton honneur.

(Daniel se trouve bientôt entouré de tous les personnages, dieux, tritons, gendarmes, animaux, etc., qui exécutent une danse grotesque en répétant de toutes leurs forces le chœur du galop infernal. Vers la fin du chant et de la danse, des éclairs brillent, et bientôt le ciel est tout en feu, on entend un violent coup de tonnerre qui domine tout le bruit fait à bord du navire. La danse et la musique s'arrêtent tout à coup. Pierre et Arthur, tous deux pâles et dans la plus violente agitation, entrent, l'un par le fond, venant du dessous du navire, l'autre, par l'extrême gauche, venant de l'avant.)

SCÈNE XI
LES MÊMES, PIERRE, ARTHUR.

PIERRE. Arrêtez, arrêtez, malheureux!... Je l'avais prévu, et l'on n'a pas voulu me croire : la frégate échoue!

ARTHUR. Oui, commandant, nous sommes perdus, les courants nous entraînent, et la vague nous roule sur des bancs de rochers.

(Cri général. Mouvement terrible de tout l'équipage. Les mâts se balancent de manière à indiquer un tangage très-prononcé. Dans un moment, une partie des matelots jettent à la mer leurs déguisements; les autres vont s'en débarrasser au dehors, et il ne reste bientôt plus aucune trace de mascarade. On revoit André au milieu des autres matelots. Pendant ce temps, le commandant fait un signe à Mathieu, et de nouveau des pilotes sondent la mer.)

ANDRÉ. Dix brasses! fond de sable!

LE COMMANDANT. Essayons de virer de bord... changeons de position, et que notre énergie

* Cette scène est la reproduction fidèle du tableau de M. Biard, le *Baptême sous les tropiques*, exposé au Louvre, en 1834.

du moins répare les tristes effets de notre imprudence.

(Il donne tout bas divers ordres à ceux qui l'entourent.)

PIERRE. Je suis à vos ordres, monsieur; vous laisserez peut-être au passager le droit de mourir en cherchant à sauver l'équipage.

ANDRÉ. Six brasses! sable partout! eau trouble!

MATHIEU. Plus d'espérance! malheur! malheur!

LE COMMANDANT, le porte-voix à la main. Pare à virer!

(La foudre éclate et vient frapper le grand mât : une vergue se brise et menace de tomber sur la tête de Marie, qui vient de reparaître sur le pont, suivie de quelques passagers ; puis, en tombant, la vergue change de direction et va écraser le commandant. Tous les personnages, en scène tombent à genoux, et lèvent les mains vers le ciel.)

MARIE. O mon Dieu! pitié! pitié, mon Dieu!

(Pierre est à genoux comme les autres.)

ARTHUR, touchant le cœur du commandant qui vient de tomber auprès de lui. Mort! (Marchant à Pierre, et lui touchant légèrement l'épaule.) Monsieur, il n'y a plus que vous maintenant qui puissiez relever leur courage; ma voix, ils ne l'entendraient pas... Tant que durera le péril, oublions, il le faut, notre haine et nos injures; commandez-les à ma place, et je vous obéirai à mon tour comme le dernier des matelots.

ANDRÉ. Oui, Pierre! c'est lui qui est notre chef, c'est lui qui nous sauvera!

TOUS. Pierre! Pierre!

PIERRE, se relevant avec énergie. Ah! à moi donc, à moi le commandement du navire!... Tous debout sur le pont, et chacun à son poste... Aide-toi, le ciel t'aidera. (Donnant avec énergie des ordres que répète Arthur, et qu'exécutent tous les matelots.) Sonnez la cloche!... tout le monde aux pompes!... Attention à gouverner, timonier!... La barre au vent! Allons, enfants! en haut les gabiers!... Laisse arriver!... Bon plein nord, et ne ralinguons pas!

MATHIEU, avec désespoir. La barre est au vent, et le navire n'arrive pas! tout est largue, et rien n'amène... rien! la frégate est perdue!

ARTHUR. Au lieu de trembler après avoir fait le mal, aidez-nous donc à le réparer, monsieur.

PIERRE. Que toutes les embarcations soient mises à la mer, la grande chaloupe, les canots... on sauvera d'abord les femmes, les enfants; puis les soldats de marine, les matelots; puis enfin, après tout, l'équipage, les officiers. (On jette au dehors une chaloupe qui était amarrée contre le grand mât. Pierre remet Marie évanouie entre les mains d'André, qui l'emmène; on fait partir les passagers par les bastingages et de tous les côtés du navire. Mathieu va les suivre, et déjà il a un pied hors de la frégate. Pierre le retient, et le ramène vivement en scène.) Restez, monsieur, restez! vous êtes le chef des matelots, donnez l'exemple, et comme nous, attendez votre tour, attendez!

(Nouveau coup de tonnerre. Cri général. Le navire commence à sombrer à l'extrémité, et la poupe est près de disparaître. Pierre, un pistolet en main, tient toujours Mathieu en respect et l'empêche de fuir. La toile tombe.)

ACTE CINQUIÈME

LE RADEAU

(L'action se passe en pleine mer. De tous côtés, l'horizon. Le radeau, par l'effet de la perspective, semble se perdre dans cette immensité. Il est ballotté par les flots. Les vents sifflent avec violence. Le ciel est sombre; les naufragés qui ont survécu sont au nombre de quinze ; on remarque plus particulièrement les figures de Pierre, Arthur, tous deux placés à l'avant du radeau, ainsi qu'André, qui soutient sur ses genoux la tête de Marie. Un peu plus loin, debout et se cramponnant après le petit mât surmonté d'une voile qui domine cette embarcation, Jean et Mathieu. Les traits de tous ces malheureux sont pâles et livides, leurs vêtements en lambeaux, et tout annonce chez eux un excès de désespoir qui va jusqu'au délire. — Les personnes qui n'auront pu voir l'admirable décor de MM. Philastre et Cambon, et tout ce prestige de mise en scène qui a si puissamment contribué au succès de la pièce à l'Ambigu-Comique, devront consulter, pour se faire une idée de ce lever de rideau et de tout ce dernier acte, la belle gravure de M. Jazet, d'après le chef-d'œuvre de Géricault. — L'ouragan, violent d'abord, se calme peu à peu; le mouvement de tangage diminue pendant quelques instants.)

SCÈNE UNIQUE

MARIE. Mon Dieu! quatorze jours de cet épouvantable supplice!... nous sommes épuisés par la soif et la faim... nos âmes abattues ne trouvent même plus assez de force pour implorer votre clémence... (Se soulevant sur les genoux.) On souffre et l'on se meurt ici... Un regard de pitié et de miséricorde, mon Dieu!

PIERRE. Ne prie plus, pauvre Marie, le ciel ne nous entend pas.

ARTHUR. Non, il ne nous entend pas... Sans cela, est-ce qu'il aurait laissé périr tant de braves embarqués avec nous sur ce misérable radeau?

MATHIEU. Et rien, rien pour guider notre marche... ni instruments, ni boussole.

PIERRE. Et qui donc aurait le courage de nous diriger, de nous conduire? Les uns, saisis de fièvre ou de vertige, se sont élancés à la mer croyant mettre le pied sur le rivage, et ceux qui restent maintenant sont aussi accablés que nous...

ARTHUR. Oh! la mort, la mort, qu'elle vienne donc enfin, puisque le suicide est un crime.

MATHIEU. Mon Dieu! mon Dieu! prenez pitié de nous, ne nous laissez pas mourir.

PIERRE. Silence, misérable!... ne rappelle pas au ciel que tu es parmi nous, sa colère deviendrait plus terrible encore.

ARTHUR. Et ceux des barques, de la chaloupe, comme ils nous ont lâchement abandonnés, et cela sans nous jeter un peu de ces vivres qu'ils avaient en abondance!

PIERRE. Et pendant ces quatorze jours, rien, rien pour nous rendre du moins un peu de force et de courage... Pas une goutte de pluie, pas une seule pour apaiser un instant du moins ce feu qui nous dessèche la poitrine!... et cette eau, cette eau de mer qui nous entoure, lorsque dans notre désespoir nous la portons à nos lèvres, ne fait qu'irriter encore la soif horrible qui nous dévore.

ARTHUR. Ah! ce supplice est trop cruel... je succombe... De l'eau, par pitié, de l'eau, je me meurs.

(Elle tombe évanouie. Pierre et Arthur s'élancent vers elle.)

ARTHUR, à part. Ah! je puis encore la rappeler à la vie.

PIERRE. Arrière! arrière!... c'est à moi, à moi seul qu'il appartient de la secourir.

ARTHUR. Et que ferez-vous pour elle?

PIERRE. Oh! misérable que je suis!... Non, je ne puis rien... rien pour Marie... pour mon enfant!...

ARTHUR. Eh bien! ôtez-vous donc... Ne voyez-vous pas que je puis la sauver, moi?... J'ai gardé pour elle ma dernière ration d'eau... (Sortant une petite fiole de son sein.) La voilà... elle vivra... je ne la verrai pas mourir.

PIERRE. Ah! Marie!... il t'aimait plus que moi, lui!

(Arthur cherche toujours à s'approcher de Marie.)

JEAN, poussant un grand cri. Ah! une... une voile... une voile!...

TOUS. Une voile?...

ARTHUR. Que dit-il?

JEAN. Là... là... vous dis-je... je la vois bien, moi... je la vois... je...

(Un petit bâtiment, presque imperceptible, paraît à l'horizon, vers la droite.)

PIERRE. Oui... oui... regardez... regardez...

ARTHUR. Marie... chère Marie!... reviens à toi... Un navire qui vient nous sauver!...

PIERRE. Un signal... Tâchons qu'il nous voie...

(Ils se soutiennent et se hissent les uns sur les autres. André parvient à monter sur un tonneau, et agite une toile en poussant des cris de détresse.)

ANDRÉ, criant. Au secours! au secours!... France! France! au secours!

(Ce cri est répété par tous.)

PIERRE, poussant un grand cri. Ah!... il s'éloigne... Tenez... tenez... il ne nous voit pas... Plus rien!... plus rien!...

(Le navire a tout à fait disparu. Tous retombent accablés sur le radeau. Le tangage recommence aussi violent qu'au lever de la toile.)

ANDRÉ. C'est fini... cette dernière chance de salut nous échappe!... Nous sommes condamnés!...

ARTHUR. Oui, condamnés sans ressource...

PIERRE. Oh! cette cruelle souffrance est plus horrible encore après cet espoir mensonger; notre supplice va recommencer plus épouvantable que jamais!...

MATHIEU. Eh bien! ayons le courage d'en finir d'un seul coup... et mourons tous ensemble!

ANDRÉ. Que dis-tu?

MATHIEU. Anéantissons ce radeau, qui ne sert qu'à prolonger notre agonie.

PLUSIEURS MATELOTS. Oui, la mort pour tous!

MARIE, s'élançant de leur côté. Arrêtez! arrêtez!...

MATHIEU, frappant les cordages de sa hache. S'il n'y a pas de salut pour tous, qu'il n'y en ait aucun pour aucun.

PIERRE. Au nom de l'autorité que je tiens de vous, je vous ordonne...

MATHIEU, tandis que d'autres continuent à briser le radeau. Il n'y a plus de chef quand on va mourir... Il n'y a plus d'autorité ici... Nous sommes tous égaux à bord du radeau de *la Méduse!*

(Un morceau de radeau sur lequel Marie se trouve est détaché du reste; il flotte sur les vagues et l'emporte.)

PIERRE et ARTHUR. Marie!...

(Ils vont s'élancer; le radeau fait un mouvement de tangage qui les rejette de l'autre côté.)

ANDRÉ. Je la sauverai... ou je mourrai avec elle!...

(Il s'élance à la mer, et disparaît à la suite de Marie.)

PIERRE. Morte!... elle est morte!...

ARTHUR. Marie!... chère Marie!... Oh! je ne veux pas... je ne veux pas te survivre... (A Mathieu.) Misérable! tu l'as assassinée, quand je pouvais, moi, prolonger ses jours... quand j'avais gardé là un trésor pour elle... un peu d'eau pour la faire vivre!

TOUS. De l'eau!...

(Tous vont se précipiter sur lui; mais ils s'arrêtent mutuellement, chacun voulant empêcher l'autre de se saisir de la gourde.)

ARTHUR. Oui... et puisqu'elle n'est plus, moi qui veux mourir, je vous en fais le sacrifice... à vous, mon ennemi, à vous, Pierre!

PIERRE. A moi!

ARTHUR. Notre haine a dû finir avec sa vie à elle... Ah! si jamais vous revoyez la France, tâchez de retrouver le comte de Valbrun, qui m'a servi de père... Dites-lui que je suis mort en conservant le souvenir de ses bienfaits, et reportez-lui...

(La voix lui manque; il tire de son sein la médaille, et la présente à Pierre.)

PIERRE. Une médaille d'or!... O mon Dieu! mon Dieu! (Lisant.) « Le roi de France, à Jacques le pilote. Que Dieu protége le sauveur des naufragés!... » Ah! Marcel!... mon frère! mon frère!...

(Arthur relève machinalement la tête, et se laisse embrasser par Pierre, sans paraître comprendre.)

MATHIEU, s'écriant du groupe qui l'a contenu jusque alors, et s'élançant sur Pierre et Arthur la hache à la main. A moi cette eau qu'il gardait!...

TOUS. A moi! à moi!

PIERRE. Ah! que personne n'approche de lui!... car je me retrouve plein de force et de vie; car je ne sens plus ni la soif, ni la faim, lorsqu'il faut défendre mon frère!

MATHIEU. Es-tu donc en délire?... A moi cette eau, te dis-je!...

(Il lève sa hache, et Pierre s'en empare.)

PIERRE. A toi!... à toi la mort, lâche!...

(Il le tue, tous les autres reculent. Dans ce moment, on entend un coup de canon, le navire reparaît à gauche, mais plus grand qu'avant; il tire plusieurs coups de canon.)

ARTHUR. Le navire!...

PIERRE. Encore?... Oui... et cette fois, il nous a aperçus... Marcel, tu ne mourras pas!

ARTHUR. Il a mis une barque à la mer...

JEAN. Elle vient!... elle approche!...

TOUS. Sauvés!... nous sommes sauvés!... Merci, mon Dieu! merci!...

(Ils tombent à genoux et s'embrassent. On voit sur le sommet d'une vague une barque dans laquelle se trouvent plusieurs marins et une femme.)

PIERRE et ARTHUR. Marie!

ANDRÉ, paraissant parmi les marins qui sont dans la barque. Je vous l'avais bien dit... la sauver ou mourir avec elle!...

MARIE. Pierre!... Arthur, mon ami!

PIERRE. Et ton époux, Marie!

(La barque les aborde.)

MARIE. Comment?

ARTHUR. Mais, au nom du ciel, explique-moi...

PIERRE. Frère... je te dirai tout dans les bras de notre mère!...

(D'autres chaloupes arrivent; les naufragés sont au moment de quitter le radeau. La toile tombe.)

FIN

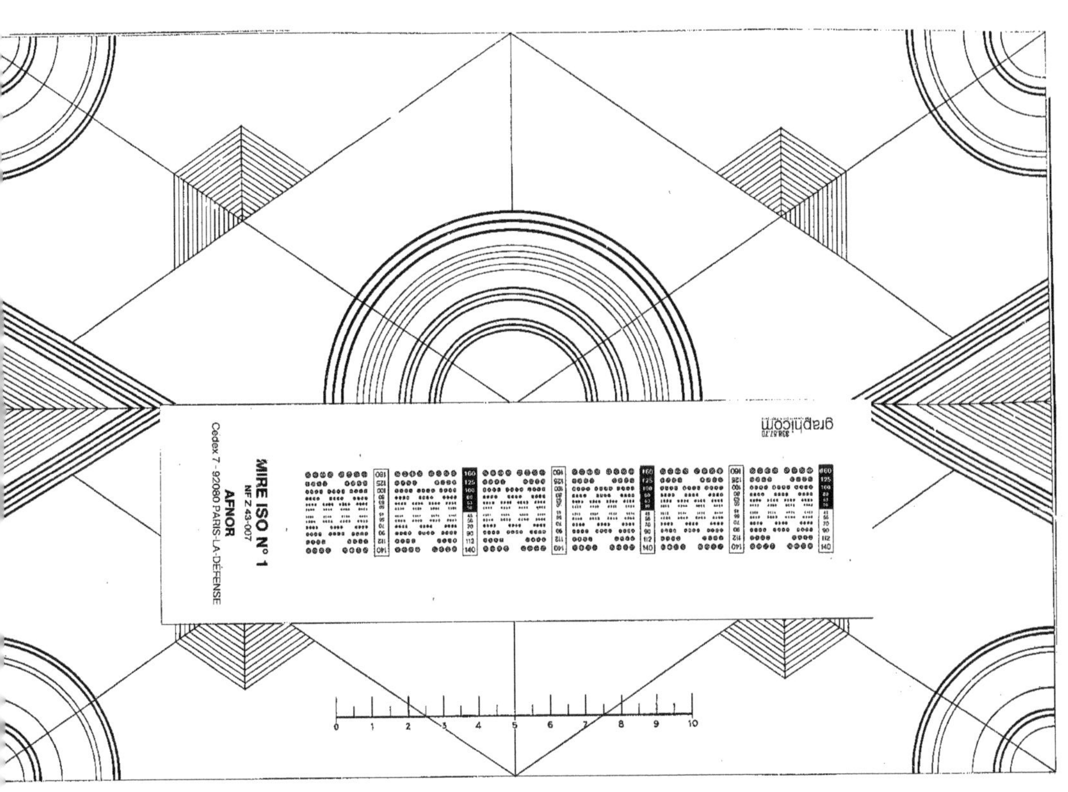

SERVICE PHOTOGRAPHIQUE